Cómo vivir una vida sencilla al estilo de Jesús

Cómo vivir una vida sencilla al estilo de Jesús

En medio de la locura del siglo XXI
puedes vivir libre de estrés y ansiedad

Mario Escobar

ORIGEN

Penguin
Random House
Grupo Editorial

Primera edición: febrero de 2023

Impreso en México / *Printed in Mexico*

ISBN: 978-1-64473-615-9

23 24 25 26 27 10 9 8 7 6 5 4 3 2 1

ORIGEN es una marca registrada de Penguin Random House Grupo Editorial

A Elisabeth, mi esposa, que supo estar a mi lado
cuando lo único que nos quedaba para llegar a fin de mes
era una lata de sardinas.

A mis hijos, a los que intento enseñar que, en este mar embravecido
que es la vida, todo el mundo quiere su tiempo y su dinero.

La riqueza no consiste en tener grandes posesiones,
sino en tener pocas necesidades.

EPICTETO
Filósofo griego de la Escuela Estoica

Venid a mí todos los que estáis trabajados y cargados,
y yo os haré descansar.
Llevad mi yugo sobre vosotros, y aprended de mí,
que soy manso y humilde de corazón;
y hallaréis descanso para vuestras almas;
porque mi yugo es fácil, y ligera mi carga.

MATEO 11:28-30, RVR1960

Elogio de la vida sencilla

Vida inquieta, frenesí
de la ambición desmedida…
¡Qué mal comprende la vida
el que la comprende así!
la vida es soplo de hielo
que va marchitando flores;
no la riegues con sudores
ni la labres con desvelo;
la vida no lo merece:
que esa ambición desmedida
es planta que no florece
en los huertos de la vida.
Necio es quien lucha y se afana
de su porvenir en pos:
gana hoy pan y deja a Dios
el cuidado de mañana.
Vida serena y sencilla,
yo quiero abrazarme a ti,

que eres la sola semilla
que nos da flores aquí.
Conciencia tranquila y sana
es el tesoro que quiero;
nada pido y nada espero
para el día de mañana…
Ni voy de la gloria en pos,
ni torpe ambición me afana,
y al nacer cada mañana
tan solo le pido a Dios
casa limpia en que albergar,
pan tierno para comer,
un libro para leer
y un Cristo para rezar;
que el que se esfuerza y se agita
nada encuentra que le llene,
y el que menos necesita
tiene más que el que más tiene.

Quiero gozar cuanto pueda,
y, con acierto y medida,
gastar moneda a moneda
el tesoro de mi vida;
mas no quiero ser jamás
como el que amontona el oro
y no goza del tesoro
por acrecentarlo más.
Quiero gozar sin pasión,
esperar sin ansiedad,
sufrir con resignación,
morir con tranquilidad;
que, al llegar mi postrer día,
quiero pensar y decir:
"Viví como viviría
si ahora volviera a vivir.
Viví como un peregrino,
que, olvidando los dolores,

pasó cogiendo las flores
de los lados del camino;
cantando he dejado atrás
la vida que recorrí;
pedí poco y tuve más
de lo poco que pedí;
que si nadie me envidió
en el mundo necio y loco,
en ese mundo tampoco
he envidiado a nadie yo"...
He resuelto no correr
tras un bien que no me calma;
llevo un tesoro en el alma
que no lo quiero perder,
y lo guardo porque espero
que he de morir confiado
en que se lo llevo entero
al Señor, que me lo ha dado.

JOSÉ MARÍA PEMÁN
(1898-1981)

Índice

Parte 2. Jesús no era austero

Parte 3. Vive simplemente para que otros simplemente vivan

Una nota sincera

He intentado retrasar la escritura de este libro todo lo que he podido. No me consideraba ni preparado ni digno de hacerlo, sobre todo después de pasar una etapa de fuerte ansiedad y desasosiego. Después de años con cierta calma y paz interior, en una búsqueda sincera de equilibrio, a principios del 2022 sentí como si, tras toda la tensión de la pandemia de COVID, el esfuerzo del trabajo en la Iglesia y en mi profesión, y la lucha por escalar un poco más en mi vida cristiana se desmoronasen, a pesar de haber llegado a un relativo éxito en mi profesión como escritor y de tener una familia llena de amor y bondad. En definitiva, tenía la extraña sensación de que, si en algún momento había tenido algún tipo de autoridad para escribir este libro, se había disipado como una neblina con el caluroso viento del sur. ¡Entonces lo comprendí todo!

No fue una iluminación ni un acto reflexivo, tampoco una revelación, ni una epifanía. Simplemente me di cuenta de que este libro no iba sobre mí: era un libro sobre Jesús y cómo él enfrentó la adversidad, la ansiedad y la avaricia, sobre cómo lidió con los valores de su mundo y salió triunfante de todo ello.

Querido amigo y querida amiga: tengo más de cincuenta años, he vivido varias crisis económicas, varias etapas de sequedad espiritual y de abundancia, he servido a Dios durante más de treinta años en diferentes ministerios como pastor, copastor, diácono, líder de jóvenes, librero y maestro de la escuela dominical. Trabajé como director de una misión cristiana de ayuda contra la lepra durante quince años y he escrito más de setenta libros, pero todo lo que tengo y soy, lo que he hecho y lo que haré con la ayuda de Dios, es fruto de su amor y misericordia. Como dijo el apóstol Pablo:

> Hermanos, yo mismo no pretendo haberlo ya alcanzado; pero una cosa hago: olvidando ciertamente lo que queda atrás, y extendiéndome a lo que está delante, prosigo a la meta, al premio del supremo llamamiento de Dios en Cristo Jesús. Así que, todos los que somos perfectos, esto mismo sintamos; y si otra cosa sentís, esto también os lo revelará Dios. Pero en aquello a que hemos llegado, sigamos una misma regla, sintamos una misma cosa[1].

La perfección cristiana no se puede alcanzar por medio de la fuerza humana, pues ella es el resultado del trabajo divino en nuestras vidas. La carrera continúa y todos seguimos aprendiendo. Por eso te invito a que corras conmigo una milla más hasta llegar a la meta.

[1] Filipenses 3:13-16, RVR1960

Espero que al final de este libro pueda pronunciar las mismas palabras que Pablo dijo a los filipenses:

Hermanos, sed imitadores de mí, y mirad a los que así se conducen según el ejemplo que tenéis en nosotros. Porque por ahí andan muchos, de los cuales os dije muchas veces, y aun ahora lo digo llorando, que son enemigos de la cruz de Cristo; el fin de los cuales será perdición, cuyo dios es el vientre, y cuya gloria es su vergüenza; que solo piensan en lo terrenal. Mas nuestra ciudadanía está en los cielos, de donde también esperamos al Salvador, al Señor Jesucristo; el cual transformará el cuerpo de la humillación nuestra, para que sea semejante al cuerpo de la gloria suya, por el poder con el cual puede también sujetar a sí mismo todas las cosas[2].

En una época en la que la "super fe", el "evangelio de la prosperidad" y de nuevo "la teología de la liberación" minan y entorpecen el caminar de muchos que quieren seguir a Jesús, es más necesario que nunca vivir una vida sencilla al estilo de Jesús.

---

[2] Filipenses 3:17-21, RVR1960

Introducción

Decir "no" en un mundo que quiere que compres cosas

La publicidad es una mentira legalizada.

HG Wells

De joven quise ser publicista, sobre todo de campañas electorales. Mi sueño era llevar a un buen candidato a la presidencia de mí país, pero mis notas en bachillerato solo me permitieron acceder a la carrera de Historia. En el fondo siempre había querido estudiar historia, pero la presión de la gente que me rodeaba para que hiciera una carrera que reportara más beneficios hizo que pusiera la publicidad como mi primera opción. Recuerdo que un amigo de la infancia, del barrio en que me crie, se rio cuando le comenté que iba a estudiar historia y pronosticó que me moriría de hambre. Casi acierta, pero al final me dediqué a lo que realmente era mi vocación. Es curioso: la historia trata sobre la verdad y la búsqueda de esa verdad en los complejos recovecos de los hechos que realmente ocurrieron, mientras que la publicidad se basa, en gran parte, en la mentira, las medias verdades y la manipulación de las emociones, con el fin de quedarse con tu dinero.

La mayoría de la gente no tiene un problema real con el dinero que gana: tiene un problema real con el dinero que gasta. Las cosas materiales son necesarias y algunas imprescindibles, pero la mayor parte de las cosas que compramos son superfluas y tienen más que ver con nuestra vanidad, frustración y envidia, que con verdaderas necesidades.

La publicidad es el arte de crear falsas necesidades, como la política es el arte de crear nuevos problemas en lugar de solucionar los reales. Todo el mundo quiere tu dinero, desde que ingresa en tu cuenta hasta que se agota el último céntimo. Pero ¿qué piensa Jesús de tu dinero? De eso va este libro. ¿Cómo ve Jesús tu relación con el dinero, el tiempo, el prójimo, la ambición? ¿Qué emociones provoca en ti la vida ajetreada? ¿Por qué vivimos la época más ansiosa de toda la historia?

Jesús nos enseñó un estilo de vida que nos hace felices prescindiendo de todo lo que es superfluo, pero regresar a ese modelo requiere algo de esfuerzo, porque muchos de los valores de Jesús son contravalores de este mundo, como lo fueron también en el siglo I a.C.

La primera cosa sobre la que reflexionaremos es el gran problema del siglo XXI: la abundancia, una que asfixia nuestra vida y la hace dependiente de las deudas, el estrés y la ansiedad.

¿Cómo está tu casa? A veces tenemos nuestro hogar lleno de cosas, pero no hay sitio para nuevas relaciones o para una vida simple y ordenada. Muchos cachivaches se amontonan en garajes, trasteros, o por todos lados. La gente alquila trasteros grandes para guardar cosas que no volverá a usar más.

¿Has llegado al punto en el que disfrutas más viendo cuando las cosas salen de tu hogar que cuando entran? Mi mujer sí lo ha conseguido y, de hecho, a veces desaparecen muchas de mis cosas que ella cree que son cachivaches, pero que para mí tienen alguna utilidad. Sin embargo, la mayoría de las veces acierta.

En la segunda parte veremos cómo uno de los grandes peligros es que nuestras posesiones terminen por dominar nuestra vida. Las cosas no son malas en sí mismas, pero pueden llegar a serlo si logran dominarnos. Una vida disciplinada a la forma de Jesús produce un cambio interior que se ve exteriormente.

La codicia es el problema del hombre desde siempre. Moisés ya la describió en Éxodo 20:17: "No codiciarás la casa de tu prójimo; no codiciarás la esposa de tu prójimo, ni su siervo, ni su criada, ni su buey, ni su asno, ni cosa alguna de tu prójimo". La publicidad y el consumismo excesivo nos empujan hacia la codicia como estilo de vida. Y aunque este estilo de vida no sacia totalmente, logra calmar la ansiedad momentáneamente para luego ahogarnos más en la angustia y la insatisfacción permanentes.

En tercer lugar, veremos cómo sustituir esa codicia por sencillez. Al quitar un valor de este mundo, introducimos un contravalor de Jesús. Una parte fundamental de nuestro llamado como seguidores de Cristo es la sencillez.

Jesús quiere liberarte de la carga de las cosas y devolverte la alegría de una vida mucho más simple. ¿Son malas las posesiones materiales? ¿Hay alguna virtud en la pobreza? Veremos que el cristianismo siempre se ha movido entre la presión del hedonismo y el estoicismo, pero Jesús nos mostró un camino más excelente, el del amor, y precisamente el amor es el que nos permitirá vivir una vida sencilla al estilo de Jesús. ¡Empecemos!

PARTE 1

Que no te roben tu dinero

1

¿Por qué necesitamos tanto las cosas?

No os hagáis, pues, semejantes a ellos; porque vuestro Padre sabe de qué cosas tenéis necesidad, antes que vosotros le pidáis.

Mateo 6:8, RVR1960

Los animales son felices con tener alimento y un lugar en el que refugiarse; no precisan ropas para vestirse, vehículos para transportarse o muebles y enseres para sus casas. En cierto sentido, el ser humano es el único animal que cambia su hábitat más que adaptarse a él. El problema no está, por tanto, en rodearse de "cosas", ya que estas nos facilitan la vida y pueden incluso hacerla más cómoda y sencilla.

En la casa de nuestros abuelos o tatarabuelos no había lavadoras, secadoras, lavavajillas, freidoras, ollas de cocción lenta, freidoras de aire ni robots de cocina, pero sin duda estos electrodomésticos han permitido que tengamos más tiempo y una vida de más calidad.

Hace cien años apenas un 1% de la población mundial tenía un vehículo a motor, mientras que en la actualidad hay un coche por cada 6,75 personas: en los Estados Unidos hay un coche por cada 1,3 personas[1]. Sin duda el coche nos ha permitido viajar, tener nuestro puesto de trabajo a mayor distancia de nuestra residencia y ganar cierta autonomía.

Antes de la recesión del 2008, los estadounidenses compraban un promedio de sesenta y cinco piezas de ropa al año, cifra que en los años noventa era de apenas cuarenta piezas. Al año se fabrican unos ciento cincuenta mil millones de prendas y el 30% nunca llega a venderse, simplemente se destruye o recicla[2]. El 50% de la ropa que compramos termina en la basura en menos de un año. Estoy seguro de que tú no tiras la ropa antes de un año, pero, aun así, nuestros armarios están llenos de ropa. Ahora, tomemos en cuenta que mucha gente no puede comprar esa cantidad de vestimenta.

¿Por qué necesitamos tantas cosas? Esta misma pregunta se hizo la Universidad Estatal de San Francisco, tras lo cual dividió nuestras necesidades en tres tipos: netamente experienciales, netamente materiales y materiales experienciales. El primer tipo tiene que ver con las reuniones con seres queridos y los viajes. El segundo, con los coches de lujo, las joyas y otras posesiones, y el tercero,

> Para conseguir la felicidad es mejor enfocarnos en las experiencias con las personas.

---

[1] Según el estudio realizado por la Wars Auto en el año 2021.
[2] La información es de la Asociación Estadounidense de Ropa y Calzado (AAFA por sus siglas en inglés).

con aparatos necesarios para la vida moderna, como los electrodomésticos o el ocio.

Algunos de nosotros tenemos más inclinación a las necesidades netamente experienciales, otros a las netamente materiales y los últimos a las materiales experienciales. Tras el estudio de la Universidad Estatal de San Francisco, se llegó a la conclusión de que las cosas netamente materiales no aumentaban la felicidad. Lo hacían más las cosas que se unían a nuevas experiencias o las experiencias en sí mismas.

Pero ¿por qué necesitamos cosas materiales para ser felices?

Los psicólogos han llegado a la conclusión de que los seres humanos tenemos tres necesidades básicas:

1. **La expresión de identidad**. Esta consiste en la habilidad de conseguir cosas materiales que reflejen nuestra personalidad y valor social. Por tanto, creemos que la calidad o precio de las cosas que compramos nos sube o baja de categoría o nivel social.
2. **La competencia**. En contra de toda la escritura marxista sobre la igualdad de los seres humanos, a todos nos gusta competir y usar nuestras habilidades sociales. Si no hay premio o una recompensa mayor para aquel que se esfuerza, no solemos intentar mejorar o conseguir logros.
3. **Relacionales**. Necesitamos acercarnos a los demás, somos animales sociales o políticos.

Las experiencias puras o netamente experienciales nos satisfacen porque reúnen o cubren estas tres necesidades básicas del ser humano. También pasa con las materiales experienciales, que cubren otro tipo de necesidades que tienen que ver con las emociones. Por ejemplo, cuando compramos una tabla de esnórquel, que más que un mero objeto, es una posesión que nos lleva a tener experiencias y a mejorar en cierto sentido. Es lo que mi mujer llama "una compra perfecta o maestra".

Ryan Howell y Darwin Guevarra[3], los investigadores del estudio, concluyeron que las experiencias nos hacían más felices que las cosas materiales, pero que aun así, los bienes materiales experienciales contribuían en parte a nuestra felicidad.

Necesitamos cosas, pero no todas las que nos quieren vender y, sin duda, en menor cantidad de las que habitualmente compramos.

Jesús lo dijo de una forma más sutil, pero igual de comprensible: "Un mandamiento nuevo os doy: Que os améis unos a otros; como yo os he amado, que también os améis unos a otros"[4].

Pasar tiempo de calidad con las personas que amamos es lo más gratificante para nuestras almas. Por eso las experiencias son más recordadas que las adquisiciones de cosas materiales. Puedes ser rico en cosas, pero pobre o miserable en relaciones y experiencias.

---

[3] *Howell, Ryan & Guevarra, Darwin. (2013). Buying happiness: Differential consumption experiences for material and experiential purchases.* Department of Psychology, San Francisco State University, https://www.researchgate.net/publication/264043841_Buying_happiness_Differential_consumption_experiences_for_material_and_experiential_purchases

[4] Juan 13:34, RVR1960

PUNTOS IMPORTANTES

1) Necesitamos cosas materiales, pero es mejor que nos enfoquemos en las cosas materiales experienciales, aquellas que mejoran nuestras habilidades, nos hacen mejorar nuestra salud, nos invitan a compartir con los demás.
2) Para conseguir la felicidad es mejor enfocarnos en las experiencias con las personas.
3) Las cosas netamente materiales apenas nos producen felicidad y no nos sacian; enseguida las queremos sustituir por otras nuevas.
4) Amar es la única forma de ser feliz. No amar las cosas materiales sino a las personas, y compartir todas las cosas con esas personas que amamos.

2

Cómo resistir la tentación de la publicidad

La primera ley de la publicidad es evitar la prome-
sa concreta y cultivar lo deliciosamente vago.

STUART CHASE
Escritor estadounidense

Tengo una mala noticia: la publicidad sabe que la gente prefiere las cosas materiales experienciales más que las netamente materiales; por eso busca manipular nuestras emociones para que creamos que los que nos venden es material experiencial y no únicamente material. En la actualidad el discurso y la experiencia están en todas partes.

Las campañas publicitarias se han centrado en los últimos años en crear falsas expectativas experienciales. En 1982, el artículo de Holbrook y Hirschman que estudiaba las tendencias del consumidor y su preferencia por las cosas materiales experienciales más que las netamente materiales, ya ponía el acento hacia donde iba a ir la publicidad para intentar conquistar a los consumidores[1]. Pero ¿qué es una experiencia? La palabra proviene del latín, exactamente de la palabra *experientia*, que significa ensayo, experimento o prueba. ¿A quién no le gustan las cosas nuevas? La palabra latina puede que se nos quede corta; por eso la palabra alemana *Erfahrung,* que dio origen a la idea actual de experiencia, lo define mejor al unir la idea de viaje en un contexto temporal con la acumulación de historias.

No debemos hacer jamás compras por impulso.

Las experiencias siempre nos producen emociones y, en una sociedad tan emotiva como la nuestra, que se mueve más por emociones que por reflexiones, es normal que el márquetin y la publicidad intenten conmovernos. ¿Qué tipo de emociones intenta manipular la publicidad? Roberto Aguado, el especialista en psicología clínica, enumeró las emociones que normalmente nos hacen reaccionar y por la que somos más vulnerables: miedo, alegría, tristeza, enfado, asco, curiosidad, admiración, sorpresa, culpa y seguridad.

La publicidad intenta crear la vivencia adecuada para convencerte de comprar un producto y, no te preocupes, hay una para cada uno de nosotros. Juegan con nuestro miedo, nuestra tristeza, nuestro enfado o nuestra alegría. Por eso, empresas como Starbucks, por ejemplo, nos vende una experiencia y no un café. Eso sí, a un precio muy alto. Howard Schultz, en su libro *El desafío Starbucks: cómo Starbucks luchó por su vida sin perder su alma,* nos presenta las emociones que le lle-

---

[1] Holbrook, M. b. And HirscHMAn, e. c. (1982): «The Experiential Aspects of Consumption: Consumer Fantasies, Feelings and Fun», The Journal of Consumer Research, 9 (2), Chicago, The University of Chicago Press

varon a fundar su empresa. En el libro, el actual presidente de la empresa nos narra como descubrió su amor por el café en Milán. Su experiencia y vivencia es incuestionable, ya que es única e intransferible y nos empuja a intentar experimentar lo mismo. Pero ¿necesitamos pagar tanto por un café? En *El economista camuflado*, Tim Harford desmonta en parte todas estas ideas de las experiencias detrás de productos que, en muchos casos, son mera o netamente materiales o que, al menos, podrían ser experienciales o materialmente experienciales por mucho menos dinero. Tim Harford nos habla de cómo la mayoría de nuestro dinero se pierde en las pequeñas decisiones económicas diarias a las que no prestamos tanta importancia, como dónde desayunamos cada día o si es mejor llevarte el café de casa. Lo que estamos pagando por tanto es una experiencia en un lugar agradable, en el que te tratan bien y en un sitio bien ubicado. Sinceramente, yo me he comido un bocadillo de tortilla de patatas frente al Coliseo de Roma con mi esposa y mis suegros. Les aseguro que la ubicación era inmejorable y que la tortilla española de mi suegro fue el mejor manjar del mundo y, además, me ahorré mucho dinero.

Por eso la pregunta clave es: ¿necesito que otros creen mis experiencias o las puedo crear yo mismo? ¿Dejaré que manipulen mis emociones?

Jesús, como hombre, experimentó los mismos sentimientos que nosotros. Amor, dolor, compasión, ira, gozo. Lo curioso es que supo mantenerlas a raya cuando fue necesario. También tuvo emociones que les producían esos sentimientos, pero logró que no se apoderasen de su mente.

La gran tentación de Jesús en el desierto, tal vez la más básica de todas, fue la de convertir las piedras en pan. Leamos:

> Y vino a él el tentador, y le dijo: Si eres Hijo de Dios, di que estas piedras se conviertan en pan. Él respondió y dijo: Escrito está: No solo de pan vivirá el hombre, sino de toda palabra que sale de la boca de Dios[2].

El hambre que tenía Jesús en el desierto no fue suficiente para que cediese a la tentación. El diablo le retó a que demostrara que era Hijo de Dios a través del milagro de convertir las piedras en pan. Jesús citó el texto de Deuteronomio 8:3, reconociendo su total dependencia de Dios, que dice:

> Te humilló y te hizo pasar hambre, pero luego te alimentó con maná, comida que ni tú ni tus antepasados habían conocido, con lo que te enseñó que no solo de pan vive el hombre, sino de todo lo que sale de la boca del Señor[3].

La única forma de vencer la tentación de la publicidad es creyendo en Dios antes que en los hombres y hacerse las preguntas adecuadas:

1. ¿Realmente este producto me va a dar una experiencia o tan solo una cosa meramente material?
2. ¿Necesito la experiencia que me ofrecen?
3. ¿No puedo vivir experiencias buenas sin tantos costes materiales?

[2] Mateo 4:3-11, RVR1960
[3] Deuteronomio 8:3, NVI

No estoy abogando porque no gastemos dinero en una buena cena, en una obra de teatro o en la ópera; lo que defiendo aquí, al estilo de Jesús, es que no dependamos de esas cosas para tener experiencias de calidad. En mi último viaje con mi esposa comimos en un buen restaurante, caro para la media a los que solemos acudir, y disfrutamos la experiencia, pero el día anterior habíamos comido en el coche una lata de sardinas con pan tostado y patatas fritas debajo de unos pinos en medio del campo. Las dos fueron grandes experiencias, pero en cada caso, fuimos nosotros los que las elegimos y no nos las impuso la presión social, la publicidad o el estilo de vida de las personas que nos rodean.

PUNTOS IMPORTANTES

1) Las experiencias son mucho más que recuerdos perfectos, son, sobre todo, decisiones más allá de las emociones.
2) Las emociones provocadas por la publicidad únicamente pueden combatirse analizando la verdad o falacia de las cosas que nos quieren vender.
3) No debemos hacer jamás compras por impulso.
4) En las cosas pequeñas es en donde naufragan nuestras economías.
5) Jesús nos anima a depender solo de Dios y considerar que todo lo que recibimos es suyo. Somos administradores de los bienes materiales, hagámoslo bien.

3

No regales tu dinero a los demás

Demasiadas personas gastan el dinero que ganaron para comprar cosas que no quieren, para impresionar a gente que no les gusta.

WILL ROGERS
Cowboy, actor y humorista estadounidense

No regales tu dinero a los demás a no ser que quieras, aunque te aseguro que regalar dinero jamás ha servido para cambiar nada. Tengo un amigo que siempre que va por las calles de alguna ciudad en Hispanoamérica lleva unos cincuenta dólares diarios para dar a gente que ve necesitada, pero jamás le da dinero a los que piden por la calle. Únicamente se acerca a gente humilde que no está pidiendo. Jesús nos llama a cubrir las necesidades de las personas que no tienen nada, sin juzgar si merecen o no nuestra ayuda, y sin medir si lo van a usar de la forma adecuada. Los discípulos llevaban una bolsa para ayudar a los pobres. Jesús suplió muchas veces sus necesidades, pero la mayor parte de la gente que quiere tu dinero no es precisamente gente que lo necesita. Las corporaciones, los bancos, las empresas de todo tipo quieren que les des tu dinero; mejor aún: que le regales tu dinero.

Casi todas las noches recorro mi casa apagando luces y diciendo a mi familia si quieren regalar nuestro dinero a la compañía de la luz. Sin duda el derroche es uno de los peores y más caros hábitos que tenemos los seres humanos. No importa si podemos o no podemos pagar la factura: derrochar es siempre malo.

La energía está muy cara, pero aun así desperdiciamos demasiada. En España, por ejemplo, el 30 % de la energía del país lo consumen directamente las familias. De este porcentaje, un 18 % se consume en el coche, por medio de combustibles fósiles, y un 12 % en el hogar. La media de consumo es de unos cuatro mil hWh anuales por cada hogar. La iluminación es el 18 % del gasto de energía de una familia. Todos los estudios aconsejan aprovechar las horas de luz diurna y usar bombillas de bajo consumo. Hay muchos trucos para pagar menos en la factura de la luz o el gas, y también en la gasolina, pero sin duda todos se resumen en dos palabras: no derroches. Derrochar es malgastar tu dinero u otra cosa de forma innecesaria.

Un día fui a comprar una secadora a una conocida cadena de venta de electrodomésticos. Tras elegir con mi esposa un aparato, y antes de firmar los papeles, la vendedora intentó que comprásemos un seguro extra además de la garantía del producto. Le contesté en varias ocasiones que no, pero al insistir por quinta o sexta vez le dije: "No se preocupe, no compraremos el seguro, nos gusta vivir al límite". La vendedora no comprendió la broma o simplemente no le hizo gracia. No me dejé llevar por todos los temores que me intentaba transmitir, pero unos años más tarde compré en otra cadena un ordenador portátil nuevo, herramienta que uso para trabajar. El vendedor me comentó que era mejor comprar un seguro, en ese caso por temor a que el producto se dañara o me lo robasen, ya que era mi herramienta de trabajo. Me pareció bien. Antes de que llegara el primer recibo y finalizase el mes de prueba gratis, quise dar de baja el seguro, pero a pesar de hacerlo en forma y tiempo quisieron cobrarme un recibo. Tras meses rechazando recibos y haciendo varias gestiones, dejaron de mandarme cartas y facturas. ¿Por qué en dos casos tan parecidos actué de forma tan distinta?

Hubo, sin duda, dos factores: el primero fue que en el caso del electrodoméstico no tenía la sensación de peligro; que durase ciertos años y que la fábrica diera una garantía me parecía más que suficiente. En el segundo caso, se trataba de mi herramienta de trabajo, su precio era más caro y temí que pudiera estropearse o perderse; pero hubo otro elemento importante: me daban un mes gratis. Esa fue la sutil trampa en la que caí.

Actualmente, en la mayoría de los servicios se suele ofrecer el primer mes gratis. La tentación es muy grande y muchos de nosotros caemos; las cantidades suelen ser pequeñas, pero solemos pagar recibos de cosas que no usamos o suscripciones que no aprovechamos, ya que se nos olvida darlas de baja o nos da pereza el trámite. ¡Estamos regalando nuestro dinero a otros!

Cada vez que actuamos con impulso, sin mirar qué precio ofrece la competencia, ¡estamos regalando el dinero! Cuando no enseñamos a nuestros hijos el valor de las cosas y que lo más caro no es necesariamente mejor, ¡estamos regalando lo que tanto nos cuesta ganar! He visto a gente humilde gastarse el dinero en marcas caras y carísimas. Me ha sorprendido observar a muchas personas que decían no tener recursos, comiendo fuera de casa en lugar de preparar su propia comida. Lo peor de todo esto es el comportamiento irracional de endeudarse, pagar lo que no tienen, pidiendo pequeños créditos o pagando con tarjetas cosas que no necesitaban o que debían haber conseguido con sus ahorros.

Mi padre tenía una pequeña empresa de reformas cuando yo era niño y adolescente. En ocasiones contrataba a dos o tres operarios. No le iba mal, pero tuvo que soportar varias crisis económicas. Su familia llevaba en el negocio de la construcción más de cuatro generaciones y era un buen profesional. De joven había pasado muchas dificultades tras la Guerra Civil que sufrió el país y una larga posguerra. Él sabía lo que costaba conseguir las cosas. A mí de niño me gustaban algunas marcas deportivas, sobre todo de zapatos. En aquella época mi padre se lo podía permitir, pero no quiso comprármelos sin más. Me dijo que, si quería conseguirlos, debía ir un día a trabajar con él. Me despertó muy temprano un sábado por la mañana, nos fuimos a un edificio cercano en el que estaba arreglando el tejado y, en los bajos del edificio, me señaló unos cuarenta sacos de arena. Tenía que subirlos a un quinto piso, sin ascensor. Yo tenía unos catorce años y no estaba acostumbrado a los trabajos físicos, pero quería los zapatos, así que hice todos los viajes sin rechistar. Al acabar con el último saco me dolían los hombros y estaba cansado. Pensé que me iba a dar el dinero cuando, con una sonrisa, salí al tejado para decirle que había terminado. Entonces mi padre me señaló diez sacos llenos de tejas rotas que tenía que bajar. Lo miré frustrado, pero aun así los bajé cinco pisos, hincándome en la espalda los trozos de teja. Más tarde me hizo subir dos sacos de cemento y algunos de yeso. Tardé unas seis horas en terminar todo el trabajo. Mi padre me miró orgulloso y me dio el dinero justo para comprar las zapatillas. Me sonrió y, sin decir palabra, me mostró el valor real de las cosas. Aquellas deportivas de marca costaban un día de trabajo duro. Mi padre no quería regalarme el dinero, ya que sabía que no apreciaría ni lo que me iba a comprar ni el esfuerzo que le costaría a él.

Eso me recuerda el comentario que me hizo una vez la madre de una amiga de mi hija. Me miró con cierto desdén y me comentó: "A tu hija le preocupa mucho el dinero, la mía no le da ninguna importancia". Yo le sonreí y le contesté: "Es normal, tú eres su banco. Cada cosa que le pides se la das, pero mi hija tiene que ahorrar de lo que yo le doy semanalmente para comprarse algo que le guste". Regalar el dinero nunca es una buena idea.

Unos años más tarde, cuando mi hija quiso comprarse un teléfono caro, le comenté que para conseguirlo debería llevar la promoción en redes de mis libros durante tres meses. Cumplió con su cometido el tiempo estipulado. Apenas tuve que recordárselo un par de veces, pero cuando recibió el dinero por su trabajo y pudo comprarse el teléfono, le supo como el mejor de los regalos. ¡Se lo había ganado ella!

"¡Todos quieren que les regales tu dinero!", suelo decirles a mis hijos después de preguntarles si necesitan lo que quieren y cuánto realmente lo quieren. Nada es gratis, todo requiere un esfuerzo.

Jesús nos explica esta actitud de derroche y despreocupación en la famosa parábola del hijo pródigo, aquel hijo que quiso su herencia, estando todavía su padre vivo, para gastarla en sus deleites y caprichos. Al pedirle su herencia le estaba diciendo en cierto sentido que no le importaba que su padre estuviera vivo o muerto. El evangelio nos declara así:

No muchos días después, juntándolo todo el hijo menor, se fue lejos a una provincia apartada; y allí desperdició sus bienes viviendo perdidamente. Y cuando todo lo hubo malgastado, vino una gran hambre en aquella provincia, y comenzó a faltarle. Y fue y se arrimó a uno de los ciudadanos de aquella tierra, el cual le envió a su hacienda para que apacentase cerdos. Y deseaba llenar su vientre de las algarrobas que comían los cerdos, pero nadie le daba. Y volviendo en sí, dijo: ¡Cuántos jornaleros en casa de mi padre tienen abundancia de pan, y yo aquí perezco de hambre! Me levantaré e iré a mi padre, y le diré: Padre, he pecado contra el cielo y contra ti. Ya no soy digno de ser llamado tu hijo; hazme como a uno de tus jornaleros[1].

[1] Lucas 15:13-20, RVR 1960

Curiosamente, lo que hizo regresar al hijo pródigo a la casa de su padre fue el hambre y no el arrepentimiento. Gastar la herencia de su padre en vida para tirarla a la basura, además de un desprecio profundo a su padre —al que le estaba diciendo en cierta forma "no me importa que estés muerto"—, reflejaba la poca importancia que daba al dinero. El hambre y la pobreza le hicieron sentir que realmente necesitaba el dinero para lo más básico. Decidió volver como jornalero, no como hijo, pero su padre le recibió como a su heredero.

El hijo aprendió el valor de las cosas, pero la lección más importante era que su padre tenía hacia él un amor incondicional. Cuando el hermano mayor se ofendió por la fiesta que el padre hizo al menor, este le dijo que todo lo suyo era también de él, que bien le podía haber pedido lo que quisiera, pero la envidia y creer que merecía más que su hermano pródigo, mostró que tampoco apreciaba lo que tenía. Ambos habían perdido la verdadera perspectiva de las cosas. Uno lo tenía todo pero lo ignoraba, otro lo había perdido todo antes de irse de casa, pero tuvo que alejarse de su hogar para comprobarlo.

Lo importante de nuestra economía doméstica no es el agujero en el bolsillo por el que se pierde el dinero y que nos hace un poco más pobres y desesperados, es sobre todo no dar el valor real que tienen las cosas y lo que cuesta conseguirlas. Regalar el dinero siempre es una mala idea.

PUNTOS IMPORTANTES

1) La única manera de aprender el verdadero valor de las cosas es que nos cueste conseguirlas.
2) El periodo gratuito de permanencia es siempre una trampa velada.
3) Vivir sin apreciar lo que tenemos es igual de negativo que desperdiciar lo que Dios nos ha dado.
4) Enseñar a nuestros hijos el principio del coste real de las cosas es el mejor regalo que podemos hacerles.

4

La riqueza y el estatus
no significaban nada para Jesús

¿Quieres ser rico? Pues no te afanes en aumentar tus bienes, sino en disminuir tu codicia.

EPICURO DE SAMOS
Filósofo griego

Una vez presté mi despacho cuando aún trabajaba en la misión contra la lepra para que se rodara un programa de televisión. Uno de los invitados al programa, que ocupaba un cargo importante en una organización cristiana, utilizó mi mesa y silla para la entrevista. Al terminar me acerqué al despacho. Yo era aún muy joven y vestía con ropa informal. Al verme llegar, el hombre me miró con cierto desdén y me preguntó quién era, seguramente pensando que era un empleado o alguien que estaba de paso. Entonces le contesté: "Soy el que se sienta en esa silla". El hombre me miró sorprendido, pues con toda probabilidad no respondía a la imagen que tenía del director de una organización.

No hay duda de que todos los seres humanos nos fijamos en las apariencias. La ropa, el estatus y los títulos nos importan mucho. Creemos que con un simple vistazo podemos conocer a una persona. Esto no es nada nuevo, siempre ha sido así. Nos gusta estar rodeados de nuestros iguales, ya sea intelectual o económicamente, y pensamos que el exterior refleja el interior.

Jesús, en contra de lo que pensamos muchas veces, llevaba ropas que no eran caras. Debió llevar una túnica no muy larga, ya que criticó esta práctica de los fariseos y algunos hombres poderosos de su tiempo, como vemos en Marcos 12:38-39: "Guardaos de los escribas, que gustan de andar con largas ropas, y aman las salutaciones en las plazas, y las primeras sillas en las sinagogas, y los primeros asientos en las cenas".

La ropa de Jesús era una túnica hasta la rodilla y un manto, seguramente de lana y de una sola pieza. Los mantos más caros eran de color púrpura y azul, y solían usarlos los nobles importantes y los reyes. Por el manto podía saberse la dignidad de la persona y su pertenencia social. El de Jesús no estaba teñido, era como el que llevaba un hombre sencillo, pero debía tener valor, ya que los soldados lo dividieron y echaron a suertes, como indica Mateo 23:5. Por tanto, la ropa de Jesús era la de una persona normal, algo por encima de la media del momento.

El libro de Isaías profetizó que no sería un hombre guapo, a pesar de cómo le representan la mayoría de los cuadros y esculturas, que imitan más las estatuas de Zeus de la época que el supuesto rostro de Jesús. La profecía de Isaías comenta: "Subirá cual renuevo delante de él, y como raíz de tierra seca; no hay parecer en él, ni hermosura; le veremos, mas sin atractivo para que le deseemos"[1].

Vivimos en una sociedad obsesionada con el estatus y la imagen, el prestigio de las universidades de élite. Muchos padres se gastan verdaderas fortunas en la educación de sus hijos, pero en muchos casos están pagando humo, sin entender que eso no solo no garantiza prestigio social o éxito, más bien lo que hace es endeudar a muchas familias de por vida.

Dios no mira la apariencia, mira el corazón.

Las marcas de ropa, de coches, de colonias y hasta del agua parecen definir a la gente más que su personalidad, su carácter y sus buenas acciones. Podríamos decir que uno es lo que *parece* más que lo que *es* en realidad.

Ramón de Campoamor escribió en el siglo XIX un poema que marcó profundamente al siglo siguiente. El poema titulado "Las dos linternas", de su libro *Las Doroteas*, dice así:

> De Diógenes compré un día
> la linterna a un mercader;
> distan la suya y la mía
> cuanto hay de ser a no ser.
> Blanca la mía parece;
> la suya parece negra;
> la de él todo lo entristece;
> la mía todo lo alegra.

[1] Isaías 53:2 RVR1960

Y es que en el mundo traidor
nada hay verdad ni mentira;
todo es según el color
del cristal con que se mira.

II

—Con mi linterna —él decía—
no hallo un hombre entre los seres.
¡Y yo que hallo con la mía
hombres hasta en las mujeres!
Él llamó, siempre implacable,
fe y virtud teniendo en poco,
a Alejandro, un miserable,
y al gran Sócrates, un loco.
Y yo ¡crédulo! entretanto,
cuando mi linterna empleo,
miro aquí, y encuentro un santo,
miro allá, y un mártir veo.
¡Sí! mientras la multitud
sacrifica con paciencia
la dicha por la virtud
y por la fe la existencia,
para él virtud fue simpleza,
el más puro amor escoria,
vana ilusión la grandeza,
y una necedad la gloria.

¡Diógenes! Mientras tu celo
solo encuentra sin fortuna,
en Esparta algún chicuelo
y hombres en parte ninguna,
yo te juro por mi nombre
que, con sufrir al nacer,
es un héroe cualquier hombre,
y un ángel toda mujer.

III

Como al revés contemplamos
yo y él las obras de Dios,
Diógenes o yo engañamos.
¿Cuál mentirá de los dos?
¿Quién es en pintar más fiel
las obras que Dios creó?
El cinismo dirá que él;
la virtud dirá que yo.

Y es que en el mundo traidor
nada hay verdad ni mentira:
todo es según el color
del cristal con que se mira[2].

[2] http://www.culturaencadena.com/escritura/rimas-encadenadas/
todo-es-segun-el-color-del-cristal-con-que-se-mira-ramon-de-campoa-
mor/201004072783.html

La poesía nos revela una de las verdades más tristes del ser humano, como que somos capaces de ver las mayores virtudes y defectos según nuestros prejuicios, convirtiéndonos en jueces los unos de los otros.

Jesús no se asustó cuando habló delante de reyes o gobernadores, ya fuera Pilato o Herodes. Tampoco ante las autoridades religiosas de su época, como el Sanedrín.

Le acusaron de ir con mujeres de mala vida y publicanos, que eran recaudadores de impuestos corruptos, y por eso las palabras de Jesús no pudieron ser más contundentes:

> Pero ¿qué os parece? Un hombre tenía dos hijos, y acercándose al primero, le dijo: Hijo, ve hoy a trabajar en mi viña. Respondiendo él, dijo: No quiero; pero después, arrepentido, fue. Y acercándose al otro, le dijo de la misma manera; y respondiendo él, dijo: Sí, señor, voy. Y no fue. ¿Cuál de los dos hizo la voluntad de su padre? Dijeron ellos: El primero. Jesús les dijo: De cierto os digo, que los publicanos y las rameras van delante de vosotros al reino de Dios. Porque vino a vosotros Juan en camino de justicia, y no le creísteis; pero los publicanos y las rameras le creyeron; y vosotros, viendo esto, no os arrepentisteis después para creerle[3].

Jesús no estaba premiando el pecado, pero sí veía más allá que el ser humano. Según nos dice el evangelio de Juan:

> Estando en Jerusalén en la fiesta de la Pascua, muchos creyeron en su nombre, viendo las señales que hacía. Pero Jesús mismo no

---

[3] Mateo 21:28-32, RVR1960

se fiaba de ellos, porque conocía a todos, y no tenía necesidad de que nadie le diese testimonio del hombre, pues él sabía lo que había en el hombre[4].

Los seres humanos miramos el exterior y juzgamos, pero Dios conoce el corazón de las personas. Esto me recuerda una anécdota que contaba Dale Carnegie en su libro *Cómo ganar amigos e influir en las personas*. Un día viajaba en el metro de Nueva York y coincidió con un padre que llevaba a sus tres hijos. Estos no paraban de jugar, saltar y gritar, molestando al resto de los pasajeros. Carnegie aguantó a los niños, pero ante la pasividad del padre que permanecía cabizbajo e indiferente a lo que sucedía, decidió acercarse y recriminarle su actitud. Este levantó el rostro y con los ojos llorosos le contó que venía del hospital, donde su esposa acababa de fallecer. Sin duda, aquello cambió del todo la perspectiva de la situación.

Justo frente a mi anterior iglesia en Madrid abrió un bar de copas[5]. A los pocos días, la dueña del local comenzó a asistir a la iglesia con su marido e hija. Todos se sorprendieron de que una mujer de su reputación entrase a la iglesia, pero su tía era creyente y le había hablado mucho del Evangelio. La mujer traía refrescos y otras cosas de su bar, pero muchas personas de la congregación parecían molestas. Les preocupaba más la imagen de la iglesia que el alma de esa pobre mujer y el resto de su familia.

---

[4] Juan 2:23-25, RVR1960
[5] En estos locales suele ejercerse la prostitución.

Jesús vino a salvar lo que se había perdido, a sanar a los enfermos y no a los sanos. Nosotros somos colaboradores de Jesús y debemos imitarlo también en esto. Él no hace distinción de personas.

PUNTOS IMPORTANTES

1) Dios no mira la apariencia, mira el corazón.
2) Jesús no era el más pobre de los hombres, pero siempre tuvo una actitud de humildad.
3) No debemos temer presentarnos ante los poderosos o ricos de este mundo. Dios pondrá palabras sabias en nuestra boca.
4) Dios es el Señor y Rey de nuestro destino.

5

Ser rico e inmensamente pobre de espíritu

La riqueza es como el agua salada: cuanto más se bebe, más sed da.

ARTHUR SCHOPENHAUER
Filósofo alemán

La famosa *influencer* Celia Fuentes fue encontrada en su domicilio hace unos años después de haberse quitado la vida. La joven estaba pasando por una depresión que la fama no pudo aliviar; al revés, la sensación de vacío y la presión por mantenerse en el candelero la llevaron a ahorcarse en la escalera de su casa. La encontró su padre, un general del ejército retirado. Todos temían que se quitara la vida, ya que no lograba superar todos sus problemas alimenticios, de autoestima y la profunda depresión que se la llevó. El de Celia Fuentes no es el único caso. Todos los años famosos cantantes, actores o presentadores se quitan la vida. La presión puede con ellos, además de un ritmo de vida totalmente frenético y enfocado en lo superficial.

Vivimos en un mundo de apariencias, y muchos jóvenes —aunque también gente mayor— están obsesionados con su imagen y, sobre todo, con aparentar que son ricos y pueden viajar a cualquier parte del mundo para cumplir todos sus caprichos.

Durante la grave crisis económica del 2008 se produjeron numerosos suicidios de multimillonarios. Uno de ellos fue el del magnate irlandés Patrick Rocca, que se pegó un tiro en la cabeza mientras su esposa llevaba a los niños al colegio. El mismo día en los Estados Unidos se suicidaba Steven Good, el presidente de una famosa inmobiliaria. Y solo hemos mencionado un par.

La Biblia nos advierte que las riquezas por sí mismas no dan la felicidad. Jesús se lo advirtió a sus seguidores cuando dijo en Mateo 6:19: "No os acumuléis tesoros en la tierra, donde la polilla y la herrumbre destruyen, y donde ladrones penetran y roban"[1].

> El dinero no da la felicidad, y sin duda la falta de este tampoco la trae.

Los judíos del siglo I pensaban que la riqueza era una muestra de la aprobación de Dios y la pobreza un castigo. De hecho, en el judaísmo actual sigue existiendo esa visión materialista de lo espiritual.

En una de las parábolas de Jesús se menciona a un rico que había ganado mucho y, no sabiendo donde guardar sus posesiones, pensó en hacer unos graneros mayores.

---

[1] Mateo 6:19, LBLA

También les refirió una parábola, diciendo: La heredad de un hombre rico había producido mucho. Y él pensaba dentro de sí, diciendo: ¿Qué haré, porque no tengo dónde guardar mis frutos? Y dijo: Esto haré: derribaré mis graneros, y los edificaré mayores, y allí guardaré todos mis frutos y mis bienes; y diré a mi alma: Alma, muchos bienes tienes guardados para muchos años; repósate, come, bebe, regocíjate. Pero Dios le dijo: Necio, esta noche vienen a pedirte tu alma; y lo que has provisto, ¿de quién será? Así es el que hace para sí tesoro, y no es rico para con Dios[2].

Cuando leemos este pasaje podemos pensar que el rico simplemente tenía que ampliar su negocio, pero Jesús quería enseñarnos una importante lección. Aquel hombre pensaba que tenía un control absoluto de su vida y que no necesitaba a Dios; por eso fue reprendido, por no haber cuidado de su alma.

¿Cómo podemos cuidar de nuestra alma?

No hace falta que seamos ricos para que descuidemos nuestra vida interior. A veces los afanes de este mundo hacen que nos concentremos tan solo en lo que se ve, en lo superficial. Nuestra vida cobra verdadero sentido y expectativa cuando se entrega a los demás. El egocentrismo no produce felicidad, al contrario, nos conduce a la desesperación y a la muerte espiritual.

Dios no condena a la riqueza *per se*, pero abomina a las personas egoístas que únicamente piensan en sí mismas.

---

[2] S. Lucas 12:16-28, RVR1960

La única forma de escapar de esta cárcel del materialismo, aunque tenga barrotes de oro, es el desprendimiento. Seamos generosos con nuestro tiempo y dinero, sin duda nada hemos traído a este mundo y nada nos llevaremos de él.

PUNTOS IMPORTANTES

1) Dios no condena la riqueza, pero sí el egoísmo.
2) El dinero no da la felicidad, y sin duda la falta de este tampoco la trae.
3) Jesús quiso que pusiéramos la generosidad como contravalor al éxito y al dinero.
4) No es malo ser ambicioso, lo realmente negativo es que el egoísmo nos lleve a aislarnos de un mundo que sufre.
5) Dios ama al dador alegre.

6

Una vida sin preocupaciones

La tristeza mira hacia atrás. La preocupación mira
a su alrededor. La fe levanta la vista.

RALPH WALDO EMERSON
Escritor y poeta estadounidense

La visión que un niño tiene del mundo es, cuanto menos, curiosa. Normalmente no le preocupa poner un plato en la mesa, ni se inquieta por el mañana. Cada minuto es único y todo es nuevo para él. A medida que crecemos perdemos esa habilidad para contemplar el mundo sin temor. Los niños únicamente viven en el presente, no tienen pasado y el futuro no significa nada para ellos. En la actualidad, desde el mundo de la autoayuda e incluso por indicación de muchos especialistas médicos, se recomienda al hombre moderno que entre en contacto con su entorno. La meditación, la contemplación, el yoga o el *mindfulness* están a la orden del día. No es raro ver a famosos mostrándonos sus intentos de buscar si no una forma de espiritualidad, al menos un respiro en su ajetreada vida.

Sin duda, buscar la calma es siempre bueno para el espíritu. Fray Luis de León, que tuvo que abandonar su cátedra de teología en Salamanca por acusaciones falsas, fue capaz de apreciar el alejamiento de la vida social y la importancia de buscar sosiego para el alma. En su "Oda a la vida retirada" nos dice:

> ¡Qué descansada vida
> la del que huye del mundanal ruido,
> y sigue la escondida
> senda, por donde han ido
> los pocos sabios que en el mundo han sido;
> Que no le enturbia el pecho
> de los soberbios grandes el estado,
> ni del dorado techo
> se admira, fabricado
> del sabio Moro, en jaspe sustentado!
> No cura si la fama
> canta con voz su nombre pregonera,
> ni cura si encarama
> la lengua lisonjera
> lo que condena la verdad sincera.
> ¿Qué presta a mi contento
> si soy del vano dedo señalado;
> si, en busca deste viento,
> ando desalentado
> con ansias vivas, con mortal cuidado?...

Vivir quiero conmigo,
gozar quiero del bien que debo al cielo,
a solas, sin testigo,
libre de amor, de celo,
de odio, de esperanzas, de recelo.
Téngase su tesoro
los que de un falso leño se confían;
no es mío ver el lloro
de los que desconfían
cuando el cierzo y el ábrego porfían.
La combatida antena
cruje, y en ciega noche el claro día
se torna, al cielo suena
confusa vocería,
y la mar enriquecen a porfía…

A mí una pobrecilla
mesa de amable paz bien abastada
me basta, y la vajilla,
de fino oro labrada
sea de quien la mar no teme airada.
Y mientras miserablemente
se están los otros abrazando
con sed insaciable
del peligroso mando,
tendido yo a la sombra esté cantando.
A la sombra tendido,
de hiedra y lauro eterno coronado,

puesto el atento oído
al son dulce, acordado,
del plectro sabiamente meneado[1].

Fray Luís de León, que había recibido los mayores honores de su época, descubrió que no había lugar mejor para conocerse a sí mismo que en el huerto de su casa alejada de la ciudad. Naturalmente, no todos tenemos un rincón del mundo en el que apartarnos, pero un paseo por un parque, por la naturaleza o simplemente un poco de sosiego escuchando música en nuestro cuarto o meditando en oración, devolverá el sosiego de nuestra alma.

Con unos treinta y seis años de edad, y unos veinte kilos más de peso, decidí ponerme a caminar al menos una hora todas las mañanas. En aquella época ya trabajaba en casa, pero quería al menos dedicar un tiempo al ejercicio. Al lado de nuestro edificio había una hermosa dehesa donde podía dar mis largos paseos. En aquel entorno, podía contemplar encinas centenarias, vacas pastando y un cielo azul intenso. Logré bajar de peso, recuperé agilidad y, sobre todo, dediqué ese tiempo libre de teléfonos, ruido y cualquier distracción, a recapacitar.

La única forma de alcanzar una vida tranquila es lograr el equilibrio entre mente, alma y cuerpo. No podemos descuidar una de las tres sin que nuestra vida se encuentre alterada y sufra. Según un reciente estudio realizado después de la pandemia de COVID, España, que se encontraba entre los países

[1] https://www.poemas-del-alma.com/fray-luis-de-leon-oda-i---vida-retirada.htm

donde la gente se sentía más feliz, ha perdido muchos puestos en el ranking. Finlandia está en cabeza de la lista en la actualidad, mientras que España ha retrocedido hasta el puesto número 29, y ha sido superada por países como Uruguay y Rumanía. La crisis económica que ha seguido a la pandemia, por no hablar del aumento de la inseguridad y de las enfermedades mentales, está detrás de este decaimiento de la felicidad. También es cierto que hay un tipo de felicidad que está relacionada únicamente con el disfrute de la vida.

> Para tener una vida feliz debemos buscar la armonía entre mente, alma y cuerpo.

La vida es mucho más que comodidad y disfrute; hay un gozo que está más allá de las circunstancias que nos rodean. El apóstol Pablo habla de este tipo de felicidad que no debe confundirse con la mera diversión. El gozo es una forma peculiar de alegría que no depende de las circunstancias. Pablo lo expresó de forma magistral al hablar de un tipo de alegría que se da en el momento de los más altos sacrificios por los demás: "Y aunque es posible que tenga que dar mi vida para completar el sacrificio que ustedes hacen por su fe, lo haré con alegría y compartiré esa alegría con todos ustedes"[2].

El gozo únicamente puede sustentarse en una total confianza en Dios, un descanso en sus promesas y la seguridad de que Él siempre está en control y terminará cumpliendo su propósito en nosotros.

[2] Filipenses 2:17, PDT

El grito de alegría de Pablo en uno de los peores momentos de su vida nos llena de esperanzas a nosotros: "Regocijaos en el Señor siempre. Otra vez digo: ¡Regocijaos!"[3].

Para poder tener el equilibrio perfecto entre alma, cuerpo y mente, necesitamos recuperar la armonía entre nuestra profesión, nuestra familia y nuestro ser interior. No podemos seguir corriendo como pollo descabezado, sin una meta, sin un lugar en el que recuperar fuerzas y sin un propósito para nuestra vida. De otra forma sucumbiremos ante el famoso síndrome del socavón. Gordon McDonald lo describió muy bien en su libro *Ponga orden en su mundo interior*, en el que comparó lo que a muchos nos sucede con los socavones que surgen en el estado de Florida tras una época de sequía. Los acuíferos pierden sus caudales y la tierra se ahueca hasta que surge un socavón gigantesco que nadie había visto venir, entonces el suelo se hunde de improvisto devorando todo a su alrededor. El propio Gordon McDonald sufrió este proceso cuando fue sorprendido en adulterio. Le costó mucho rehacer su vida. ¿Por qué le había sucedido algo así? No había cuidado su mundo interior, su espiritualidad y su vida se había ahuecado, hasta que se hundió sin más.

No seamos estatuas de bronce con pies de barro, o el peso de nuestros pecados, de las circunstancias y la ansiedad terminarán por derrumbarnos. Entonces la destrucción será mucho mayor que si nos hubiéramos ocupado diligentemente de nuestro ser interior.

---

[3] Filipenses 4:4 RVR1960

PUNTOS IMPORTANTES

1) Necesitamos apartar un tiempo al día para meditar y orar.
2) Debemos buscar un lugar solitario y apartado para poder estar tranquilos y reflexionar.
3) Para tener una vida feliz debemos buscar la armonía entre mente, alma y cuerpo.
4) El gozo no es un sentimiento ni una emoción, es una actitud de vida que nos hace estar por encima de nuestras circunstancias.

7

La vida sin afán

*Todos podemos pelear batallas de un solo día. Es
cuando añadimos la carga para dos días incontro-
lables, ayer y mañana, cuando nos agobiamos.*

STEVE MARABOLI
Escritor estadounidense

Unas semanas antes de casarme, viajaba en el Metro de Madrid. Me dirigía a la casa de mi novia al otro extremo de la ciudad. El vagón iba atestado de gente y enseguida experimenté
que me faltaba el aire. Sentía una fuerte opresión en el pecho,
tenía unos veintisiete años y estaba sano, pero aquella sensación me hizo pensar que estaba a punto de darme un ataque
cardiaco. Logré llegar a la casa de mi novia y en cuanto subí
las escaleras se asustó. Estaba pálido, tenía la respiración agi-
tada y mis manos se retorcían. Tomamos un taxi y nos dirigi-
mos al hospital. Llegué con las manos retorcidas y morado,
me metieron por la puerta de urgencias y me pusieron Valium

(diazepam) intravenoso. Me hicieron respirar en una bolsa y a los pocos minutos logré recuperarme. Había sufrido un ataque de ansiedad. Era la primera vez, aunque sí había experimentado ya otras muchas ocasiones la angustia y la opresión en el pecho. El médico me entregó algunas pastillas por si me volvía a pasar y me recomendó que fuera a un psiquiatra para tratar mi ansiedad.

Mi familia, sobre todo mi padre, siempre estuvo inclinada a comportamientos ansiosos. Dicen que la depresión es exceso de pasado y la ansiedad de futuro, no lo sé, pero en aquel momento tomé dos determinaciones. La primera fue que cuando comenzara a sentirme ansioso intentaría hacer una actividad que me relajase, y la segunda fue disfrutar con las cosas pequeñas de la vida, sin preocuparme tanto por el futuro. Jamás he vuelto a tener un episodio como aquel. Pero ¿qué es lo que nos inquieta hasta el punto de convertirse en algo peligroso para nuestra vida?

La ansiedad es un sentimiento de inquietud, nerviosismo, preocupación o temor, incluso pánico por lo que está a punto de ocurrir o simplemente creemos que puede ocurrir. El miedo lo sentimos ante una amenaza concreta, la ansiedad, más bien, ante un peligro o problema que está por suceder.

La palabra viene del latín *anxietas*, que significa angustia o aflicción. La ansiedad suele producirse en un momento de la vida estresante. Hasta cierto punto, la ansiedad es normal: es la reacción del cuerpo ante un peligro.

El sistema adrenérgico comienza a funcionar para evitar un peligro o amenaza. Dicho sistema tiene como función regular los grados de adrenalina y noradrenalina que produce el cuerpo. El problema es cuando la ansiedad hace que nuestra adrenalina esté disparada y esta situación se prolongue en el tiempo. Un aumento disparado de adrenalina hace que nuestro sistema cardiaco se acelere, que se dilaten los bronquios de los pulmones y que se activen otras muchas funciones que no hacen otra cosa que preparar nuestro cuerpo para un sobre esfuerzo. Pero la ansiedad se produce cuando ese peligro no llega y el cuerpo sigue en tensión gastando una gran cantidad de energía.

La adrenalina es buena, como he dicho, en momentos puntuales. Hace unos días íbamos a recoger a nuestros hijos a un campamento y el GPS del coche nos metió por un camino de tierra. Se llamaba Camino del Molino Quemado, y ya el nombre me debía haber hecho sospechar, pero continuamos unos tres kilómetros hasta quedarnos atrapados en un terraplén. La única opción era dar marcha atrás entre los muros de piedra a ambos lados del camino e intentar no quedarnos atascados entre rocas y bancos de arena. Mi cuerpo recibió una carga extra de adrenalina y, tras cuarenta minutos que se nos hicieron muy largos, logramos retornar. Tardé unos instantes en recuperar la calma, pero a la media hora mis niveles de adrenalina eran normales.

Jesús habló del afán y la ansiedad, de modo que no son características nuevas de nuestro tiempo, sino viejos amigos del ser humano. El afán en principio no es malo, es simplemente el deseo intenso que te mueve a hacer una cosa. Jesús habló de los afanes de esta vida, de los deseos que terminan por robarnos la paz, la tranquilidad y el sosiego. Por tanto, el afán sería el deseo desmedido por algo. Si analizamos la Carta a los filipenses vemos lo siguiente: "Por nada estéis afanosos, sino sean conocidas vuestras peticiones delante de Dios en toda oración y ruego, con acción de gracias. Y la paz de Dios, que sobrepasa todo entendimiento, guardará vuestros corazones y vuestros pensamientos en Cristo Jesús"[1].

Podríamos parafrasear "por nada estéis obsesionados, sino pedir en oración todas las cosas y ser agradecidos. Entonces, el Dios de paz, que está por encima de lo que podáis comprender, os guardara en vuestro hombre interior en las manos de Cristo". En definitiva, no confíes en ti mismo. Poner toda la carga de la vida, del futuro y los problemas sobre tus espaldas no es una buena idea. La incredulidad no es solo no creer que Dios puede hacerlo, es también hacerlo con nuestras fuerzas.

Jesús nos advierte de los afanes de este mundo y cómo pueden terminar por ahogar la semilla del Evangelio en nuestras vidas. En la parábola del sembrador lo deja muy claro cuando dice que los afanes de este siglo y el engaño de las riquezas hacen infructuosa en nosotros la semilla de la salvación[2].

No debemos afanarnos por nada. Dios nos dará lo que necesitamos a su tiempo. Debemos esperar confiados en Él, sabiendo que Jesús sabe mejor que nosotros lo que necesitamos. Los lazos del afán pueden ahogar a una persona textualmente. Yo lo experimenté siendo muy joven y cada día tengo que luchar para que el afán y la ansiedad no terminen dominando mi vida.

[1] Filipenses 4:6-7, RVR1960
[2] Marcos 4:19-20, RVR1960

PUNTOS IMPORTANTES

1) El afán es la pasión desmedida por conseguir algo.
2) La ansiedad es una reacción natural a nuestras emocio-nes de miedo o peligro, pero si se prolonga en el tiempo puede llegar a afectarnos física y psicológicamente.
3) La forma de combatir la ansiedad es descansando en Jesús.
4) Dios conoce nuestro futuro y será lo que Él decida. Eche-mos nuestras cargas sobre Él.

8

Mañana vienen a por tu alma

El alma es un vaso que solo se llena con eternidad.

AMADO NERVO
Poeta y ensayista mexicano

Vivimos en un mundo desalmado y eso debería preocuparnos. En la sociedad actual, que intenta desechar todo lo anterior como caduco o incluso perjudicial, el alma ha sido una de sus principales víctimas, pero cuando quitamos al ser humano su capacidad de trascendencia le estamos condenando a la mera animalización. ¿Qué tiene de malo ser un animal? Aristóteles fue el primero en calificar al hombre como animal al denominarlo "animal político", que quiere decir que es un animal que vive en sociedad. Hay otros animales gregarios, que viven juntos, pero el ser humano no es uno de ellos. No somos gregarios, ya que los seres humanos somos los únicos animales que tenemos el don de la palabra; el lenguaje nos confiere un estatus diferente. Por un lado, provenimos de la tierra. En eso somos seres naturales: animales, podríamos decir. Pero al mismo tiempo hemos sido creados a imagen de Dios y él mismo nos dio su soplo divino cuando nos creó.

Aristóteles creía que el ser humano tenía alma, pero también el resto de los animales, ya que para él el alma consistía en el principio vital. Para otros filósofos el alma sería exclusiva de los seres humanos y, de alguna forma, el nexo con lo divino. Platón habló del alma como la dimensión más importante de los seres humanos y vio al cuerpo como una cárcel de la que el alma se liberaba tras la muerte. En el *Timeo*, Platón define el alma como aquello compuesto por lo idéntico y lo diverso, la sustancia que el demiurgo, el dios creador de los griegos, usó para crear el alma. Este dualismo de Platón entre alma y cuerpo causó muchos problemas en la era cristiana, ya que se identificó al cuerpo como algo malo que hacía pecar al alma, y se comenzó a concebir que únicamente se salvaba esta última.

Tomás de Aquino volvió a las ideas aristotélicas, por lo que estaríamos compuestos de materia y sustancia. El pensamiento occidental sobre el alma fue evolucionando. A partir de Descartes se comenzó a ver al alma como la parte racional o pensante del hombre hasta que Hegel la ató definitivamente al mundo de las ideas. Nietzsche destruyó al alma, acusándola de ser un invento para fortalecer la creencia en la existencia de un dios. Freud, por último, la vio como la diferenciación entre el yo y el super yo.

En el siglo XX el alma simplemente desapareció al desaparecer la idea de trascendencia e inmortalidad, dejándonos todos desalmados.

Los judíos creen que el alma es la principal cualidad identificatoria del movimiento de la materia viviente. En la Biblia, por el contrario, es mucho más que el hálito de vida de Génesis 2:7 o Job 27:3, ya que el alma es lo que comunica a la criatura y al Creador. Según la tradición cristiana el alma es una con el cuerpo y es indivisible, por eso se producirá la resurrección de la carne, ya que Dios no creó almas descarnadas que vagan por el éter.

Por tanto, todos tenemos un alma, que forma parte de nuestro cuerpo y nos da personalidad, carácter y cualidades. La pérdida del alma es en sí la destrucción total del individuo. En Mateo 16:26 Jesús habla sobre la posibilidad de perder el alma: "Porque ¿qué aprovechará al hombre, si ganare todo el mundo, y perdiere su alma? ¿O qué recompensa dará el hombre por su alma?"[1].

Aunque en otras versiones podemos leer: "¿De qué le sirve a uno ganar el mundo entero, si pierde su propia vida? ¿O qué podrá dar el ser humano a cambio de su vida?"[2].

La palabra en hebreo para alma y para vida es *ruah*, que se puede traducir por viento o aliento, pero también es ánima. En ambos casos significa el mismo ser. No hay ser sin alma.

Jesús nos advierte que, si queremos ganar el mundo, lo que quiere decir sus deseos, propósitos y anhelos, perderemos nuestra alma o vida. No estaremos eternamente con Dios.

¿Cómo se puede perder el alma?

El poeta alemán Goethe escribió *Fausto*, una obra en la que un hombre vende su alma al diablo. Mefistófeles se apareció

[1] Mateo 16:26, RVR1960
[2] Mateo 16:26, BLP

a Fausto y le dio, a cambio de su alma, una mayor capacidad para comprender. Fausto estaba frustrado por los límites del conocimiento humano y su incapacidad para encontrar la felicidad. En esta obra, Goethe da justo en la clave. El ser humano es capaz de hacer cualquier cosa por alcanzar la felicidad, pero cuanto más se acerca a ella e intenta atraparla por medio de las cosas naturales, más se aleja esta del hombre.

La forma de perder el alma es por un distanciamiento definitivo de Dios. El objetivo central del hombre debería ser no perder la salvación, pero en un mundo en el que muchos no creen en la trascendencia, se descuida el alma, porque no se espera la eternidad. Lo único importante es el aquí y el ahora.

Si no cuidamos el alma todo lo demás es inútil.

El alma se apaga cuando las cosas materiales y las pasiones de este mundo —y por pasiones me refiero a las ideas egoístas— se interponen en nuestro yo espiritual.

Jesús habló de la importancia de cuidar el alma en varias ocasiones y distinguió este cuidado de ser simplemente un buen religioso. El alma no se cuida desde la práctica religiosa: se protege a través del corazón, intentando que se mantenga puro en medio de un mundo que únicamente busca satisfacer los placeres rápidos y materiales.

En contra de todo lo que creía la sociedad de su tiempo, el éxito y la prosperidad no eran la consecuencia de la bendición de Dios. En el siglo I las riquezas eran consideradas signo de santidad. Por eso Jesús tuvo que denunciar esta falsa teología y, provocando a los religiosos de su tiempo, les dijo:

Oyendo el joven esta palabra, se fue triste, porque tenía muchas posesiones. Entonces Jesús dijo a sus discípulos: De cierto os digo, que difícilmente entrará un rico en el reino de los cielos. Otra vez os digo, que es más fácil pasar un camello por el ojo de una aguja, que entrar un rico en el reino de Dios[3].

Sus discípulos asustados y escandalizados le dijeron: "Sus discípulos, oyendo esto, se asombraron en gran manera, diciendo: ¿Quién, pues, podrá ser salvo?"[4].

Ellos pensaban como los hombres de su época. En la actualidad se ha levantado toda una teología de la prosperidad que parece pensar de la misma manera. Dicha teología se apoya en algunos versículos sacados de contexto, pero se salta textos como el que hemos leído. La teología de la prosperidad defiende que el hombre recibe la bendición material de Dios y que no puede haber cristianos que no sean prósperos. Por eso muchos, al no recibir lo prometido, abandonan la fe.

Jesús únicamente nos prometió para este mundo lo mismo que le había sucedido a él. Nos dijo que seríamos perseguidos y que, por causa de su nombre, muchos incluso nos matarían pensando que hacían un servicio a Dios. Para el mundo venidero, en cambio, nos prometió:

Y Jesús les dijo: De cierto os digo que en la regeneración, cuando el Hijo del Hombre se siente en el trono de su gloria, vosotros que me habéis seguido también os sentaréis sobre doce tronos,

---

[3] Mateo 19:22-24, RVR1960
[4] Mateo 19:25, RVR1960

para juzgar a las doce tribus de Israel. Y cualquiera que haya dejado casas, o hermanos, o hermanas, o padre, o madre, o mujer, o hijos, o tierras, por mi nombre, recibirá cien veces más, y heredará la vida eterna. Pero muchos primeros serán postreros, y postreros, primeros[5].

El hecho de ser pobre no te hace mejor que nadie. Hay ricos que no ponen su afán en las riquezas y saben quién les ha puesto en ese lugar de preminencia y por eso su corazón es pobre en espíritu; pero debemos cuidar nuestra alma y no dejar que los deseos de este mundo nos la roben.

PUNTOS IMPORTANTES

1) El alma es una parte vital del ser humano.
2) Si no cuidamos el alma todo lo demás es inútil.
3) Para cuidar el alma hay que valorar lo que valora Cristo.
4) Dios nos ha prometido mayores riquezas de las que nunca conseguiremos en este mundo.

[5] Mateo 19:28-30, RVR1960

9

Lo primero, primero

*Para cambiar tu VIDA, necesitas cambiar tus
PRIORIDADES.*

JOHN C. MAXWELL
Conferenciante y escritor

John Maxwell tiene razón al comentar que la única forma de cambiar nuestra vida es reordenando nuestras prioridades. Las prioridades hablan más sobre nosotros que cualquier comentario que podamos hacer. Una persona que ama el fútbol y lo pone por delante de cualquier cosa, intentará no perderse la final de su equipo por nada del mundo. Esto no tiene por qué ser malo hasta que sustituimos cosas que deberíamos hacer por otras que en el fondo son secundarias.

Para muchas personas con principios, la pereza es un pecado muy grave. Es verdad que la Biblia la condena en numerosos casos, pero esas personas no verán que la adicción al trabajo es igual o más perjudicial. Hay más familias y matrimonios que se van al garete por la adicción al trabajo que por la vagancia. ¿El trabajo es malo? En absoluto. El apóstol Pablo lo deja bien claro en su carta a la iglesia de Corinto:

> Todo me es lícito, pero no todo conviene; todo me es lícito, pero no todo edifica. Ninguno busque su propio bien, sino el del otro. De todo lo que se vende en la carnicería, comed, sin preguntar nada por motivos de conciencia; porque del Señor es la tierra y su plenitud[1].

Pablo está hablando aquí de lo que se podía consumir sin importar su procedencia, cuestionando que los gentiles tuvieran que seguir practicando la ley mosaica, excluyendo los diez mandamientos, claro está. Pero este principio se puede extrapolar a cada área de la vida. La clave para saber qué es lo que nos conviene se encuentra en el versículo 24. La prioridad ha de ser siempre buscar el bien del prójimo y del otro. Pensar en las consecuencias de nuestras acciones y cómo afectan a los demás.

No importa lo que digamos, la gente se fija en lo que hacemos.

Marta y María eran dos fieles seguidoras de Jesús. Ambas querían pasar más tiempo con el Maestro hasta el punto a afanarse en servirlo. Estas eran hermanas de su amigo Lázaro. Nos narra el evangelio de Lucas que un día Jesús fue a su casa y se produjo una disputa entre las dos hermanas.

Marta estaba ocupada preparando todo para Jesús mientras su hermana se había parado a los pies del Maestro para

---

[1] 1 Corintios 10:23-26, RVR1960

escucharlo. Al final, Marta pidió a Jesús que reprendiera a su hermana por no ayudarle en sus tareas y Jesús le contestó:

> Pero Marta se preocupaba con muchos quehaceres, y acercándose, dijo: Señor, ¿no te das cuidado que mi hermana me deje servir sola? Dile, pues, que me ayude. Respondiendo Jesús, le dijo: Marta, Marta, afanada y turbada estás con muchas cosas. Pero solo una cosa es necesaria; y María ha escogido la buena parte, la cual no le será quitada[2].

Incluso podemos hacer muchas cosas en la iglesia y, en cambio, no hacer lo que Dios quiere. El activismo es un pecado y sobre todo nos roba el tiempo que deberíamos pasar con Dios.

Aquella actitud de Marta, más legalista que de amor y servicio a Jesús, le llevó más tarde a cuestionar el comportamiento del que llamaba su maestro. Le reprochó que no había llegado a tiempo para salvar la vida de su amigo Lázaro. Este tipo de personas, que se creen espirituales y en el fondo simplemente son muy religiosas, incluso se atreven a decir a Dios lo que tiene que hacer. Se creen más sabios y fieles que Él.

> —Señor, si tan solo hubieras estado aquí, mi hermano no habría muerto; pero aun ahora, yo sé que Dios te dará todo lo que pidas. Jesús le dijo:
> —Tu hermano resucitará.

2 Lucas 10:40-42, RVR1960

—Es cierto—respondió Marta—, resucitará cuando resuciten todos, en el día final.

Jesús le dijo:

—Yo soy la resurrección y la vida. El que cree en mí vivirá aun después de haber muerto. Todo el que vive en mí y cree en mí jamás morirá. ¿Lo crees, Marta?

—Sí, Señor—le dijo ella—. Siempre he creído que tú eres el Mesías, el Hijo de Dios, el que ha venido de Dios al mundo[3].

Marta había llevado su excesivo activismo hasta el punto de creer que podía decir a Jesús lo que tenía que hacer. Él la trató con sumo amor. Sabía que estaba sufriendo y que necesitaba poner lo primero en primer lugar, pero ¿cuáles han de ser nuestras prioridades?

Nuestras prioridades tienen que ver con nuestros valores. Son los principios, virtudes o cualidades que caracterizan a una persona. Según tus valores actúas de una manera u otra. Por los valores podemos saber los pensamientos de la gente e, incluso, conocernos mejor a nosotros mismos. No importa que una persona se defina a sí misma como generosa: en cuanto se manifieste en sus actuaciones de una forma tacaña, aunque diga lo contrario, quedará en evidencia que es tacaña.

Hay valores que toda la sociedad comparte, al menos en algunos aspectos. Son los denominados valores humanos. Algunos de los más conocidos son: la bondad, el respeto,

---

[3] Juan 11:21-27, NTV

la tolerancia, el amor, la justicia, la solidaridad, la libertad, la amistad, la honestidad y la familia.

Aparte de estos valores, hay otros que son culturales, pues tienen que ver con nuestras costumbres y creencias. Por último, existen los valores sociales, que son los que reconoce y aplica una sociedad para poder convivir.

Otros hablan de valores religiosos y valores familiares, pero en el fondo son valores humanos; lo que sucede es que en la sociedad actual se rechazan porque se consideran limitantes.

Nuestras prioridades deben estar ordenadas según nuestros valores. Si antepones valores culturales a los valores humanos en muchos casos estarás haciendo cosas que tu sociedad ve bien, pero que en el fondo son malas.

Las prioridades también tienen que ver con las cosas a las que dedicas más tiempo y más esfuerzo.

¿Cuáles eran las prioridades de Jesús?

De todas las prioridades de Jesús, yo destacaría dos. La primera tiene que ver con la obediencia:

> Y él se apartó de ellos a distancia como de un tiro de piedra; y puesto de rodillas oró, diciendo: Padre, si quieres, pasa de mí esta copa; pero no se haga mi voluntad, sino la tuya. Y se le apareció un ángel del cielo para fortalecerle[4].

Jesús fue obediente hasta la muerte. Sabía que tenía que obedecer a Dios antes que a sus deseos y a sí mismo. Esto

---

[4] Lucas 22:41-43, RVR1960

nos enseña la importancia de poner la voluntad de Dios delante de la nuestra. Muchas veces no lo hacemos y eso altera nuestras prioridades. Por eso, ponemos de primero cosas que no deberíamos.

La segunda cosa que Jesús ponía como prioridad era su servicio a los demás: "y el que quiera ser el primero entre vosotros será vuestro siervo; como el Hijo del Hombre no vino para ser servido, sino para servir, y para dar su vida en rescate por muchos"[5].

Esta actitud cambiará nuestra vida por completo. Puede que no nos lleve a donde queremos ir, pero sí nos llevará hacia donde Dios quiere llevarnos.

Las prioridades están trastocadas en nuestra sociedad porque también lo están los principios y los valores. La única forma de poner las cosas en orden en nuestra vida es poner los valores más importantes primero, para que sean la guía de nuestras prioridades.

---

[5] Mateo 20:27-29, RVR1960

PUNTOS IMPORTANTES

1) Nuestras prioridades nos definen más que nuestras palabras.

2) No importa lo que digamos, la gente se fija en lo que hacemos.

3) Las prioridades se ordenan a través de los valores, ponemos primero lo que creemos más importante.

4) Jesús tenía como prioridades en su vida la obediencia a Dios y el servicio a los demás.

5) Si no ponemos las prioridades en orden no podremos vivir al estilo de Jesús.

PARTE 2

Jesús no era austero

10

Cero preocupaciones

Nada te turbe, nada te espante,
todo se pasa, Dios no se muda.
La paciencia todo lo alcanza,
quien a Dios tiene, nada le falta.
Solo Dios basta.

SANTA TERESA DE ÁVILA
Escritora y mística española

No existe una vida sin preocupaciones, pero sí una vida sin sentirse ahogado por las preocupaciones. El otro día estuve en una firma de libros en mi ciudad y la librera —que regenta una pequeña librería— me comentó cómo la angustia de la crisis producida por la pandemia le llevó hasta la depresión. Sus preocupaciones eran legítimas y reales. Tras un tiempo de terapia estaba mucho más animada y comenzaba a ser una impulsora de la cultura de su barrio en Madrid. Ninguno de nosotros está exento de preocupaciones y los vaivenes de la vida son constantes. Es normal preocuparse.

Muchas veces la gente nos reprende por estar preocupados, como si los cristianos no pudiéramos estarlo, relacionando la preocupación con la falta de fe. Jesús nos dijo que no se turbara nuestro corazón. La fe es confianza. Jesús ha preparado un lugar para nosotros en los nuevos cielos y la nueva tierra. Sus hermosas palabras nos llenan de esperanza:

> No se turbe vuestro corazón; creéis en Dios, creed también en mí. En la casa de mi Padre muchas moradas hay; si así no fuera, yo os lo hubiera dicho; voy, pues, a preparar lugar para vosotros. Y si me fuere y os preparare lugar, vendré otra vez, y os tomaré a mí mismo, para que donde yo estoy, vosotros también estéis. Y sabéis a dónde voy, y sabéis el camino. Le dijo Tomás: Señor, no sabemos a dónde vas; ¿cómo, pues, podemos saber el camino? Jesús le dijo: Yo soy el camino, y la verdad, y la vida; nadie viene al Padre, sino por mí. Si me conocieseis, también a mi Padre conoceríais; y desde ahora le conocéis, y le habéis visto[1].

Podemos vivir confiados en que al final de nuestra historia personal seremos victoriosos; además, no de una forma individual, sino como pueblo de Dios. Dios enjugará cada lágrima y ya no habrá más llanto ni dolor[2], pero mientras estemos en este mundo tendremos preocupaciones. Un cambio en nuestro trabajo que puede llevarnos al despido, una enfermedad personal o la de un ser querido, la falta de salud o la falta de ilusión, son tan solo algunas de las cosas que nos asaltan. ES

---

[1] Juan 14: 1-7, RVR1960
[2] Ver Apocalipsis 21:4

NORMAL SUFRIR POR LAS COSAS MALAS QUE NOS SUCEDEN. Vemos cómo Job se quejó ante Dios de todo lo que le acontecía. No negó su fe a pesar de que su propia esposa le dijo que maldijese a Dios. Tuvo que luchar contra la teología barata de sus amigos, que le acusaban de merecer todo lo que le acontecía y tener pecados ocultos. Job sabía que su redentor vivía, que su salvador estaba cerca de él y que en el último momento le salvaría.

En una investigación de la Universidad de Chicago se llegó a la conclusión de que la esperanza, la paz y el bienestar ayudan a que se reduzca el número de hormonas estresantes que afectan a nuestra salud. Por eso es tan importante tener una vida con propósito, saber que nuestra vida está escondida con Cristo en Dios, que Él intercede por nosotros al Padre, que tenemos un abogado que nos defiende que es Cristo mismo.

Podemos preocuparnos menos y con menos intensidad, pero no hacerlo en absoluto es contraproducente, ya que la preocupación nos ayuda a ocuparnos del problema. La gente despreocupada acaba mal, ya que no afronta ni enfrenta sus problemas. No es de débiles tener miedo: es de cobardes no afrontar tus miedos.

Vivimos en una sociedad que niega los sentimientos porque se cree más fuerte. Rara vez verás a alguien llorando en las redes sociales, hablando de sus problemas o mostrando sus debilidades. Esa falsa apariencia de fuerza nos hace mucho más débiles.

Llorar es terapéutico, y hacerlo en público nos muestra fuertes, ya que muy pocos se atreven a hacerlo.

> No existen vidas sin preocupaciones, los ricos también lloran.

Yo provengo de una familia de llorones profesionales. Mi padre lloraba de emoción en muchas ocasiones, en una época en la que, además, estaba muy mal visto que un hombre llorase. Todos sabemos que Jesús lloró ante la tumba de Lázaro, a pesar de que sabía que lo iba a resucitar pocos minutos más tarde. Lloró por el sufrimiento que produce la muerte, lloró porque deseaba que el postrer enemigo del ser humano fuera vencido, lloró porque amaba. El que ama mucho, llora mucho.

No podemos evitar el sufrimiento, tampoco la preocupación, pero podemos rodearnos de personas que nos ayuden a sanar y volver al equilibrio. Por eso es tan importante y tan urgente que las iglesias se vuelvan de nuevo comunidades.

Muchos se mantienen en una posición distante de la iglesia para no ser juzgados, pero al mismo tiempo viven su fe de manera solitaria. La Biblia nos advierte del peligro que este comportamiento conlleva.

Mejores son dos que uno; porque tienen mejor paga de su trabajo. Porque si cayeren, el uno levantará a su compañero; pero ¡ay del solo! que cuando cayere, no habrá segundo que lo levante. También si dos durmieren juntos, se calentarán mutuamente; mas ¿cómo se calentará uno solo? Y si alguno prevaleciere contra uno, dos le resistirán; y cordón de tres dobleces no se rompe pronto[3].

[3] Eclesiastés 4:9-12, RVR1960

Dos son mejor que uno. Dios nos ha puesto en una familia, en una sociedad y en una iglesia para que interactuemos con los demás. No se puede ser un cristiano solitario. No se puede ser un cristiano virtual, que únicamente escucha predicaciones en internet. Necesitamos dar y recibir, amar y perdonar, incluso sufrir con los hermanos, aunque sea injustamente.

Jesús, que era todopoderoso, se rodeó de doce discípulos, varias mujeres y algunos seguidores más. Él sabía la importancia de recibir y dar aliento a los otros. La vida cristiana no es para llaneros solitarios, para superhombres o para supermujeres. La vida cristiana, como dijo una vez el papa Francisco, es un campamento de campaña lleno de personas heridas y que sufren, pero que están unidas. Un ejército de desamparados, de personas imperfectas que buscan acercarse a Dios para mejorar y, con esa mejoría, cambiar el mundo.

Preocuparse es humano. Somos animales racionales que medimos las cosas, que pensamos en el futuro y aprendemos del pasado. Hay sabiduría en la preocupación, pero nuestra sociedad huye de la gente con problemas, no tiene fuerza para enfrentarlos y por eso también huye de sus propias contradicciones y de sus propios problemas.

La única forma de enfrentarnos a la adversidad es mirándola cara a cara y diciéndole que Dios nos ayudará a superarla.

Recuerdo cuando era niño y me dolían las muelas. Siempre les hablaba y les decía: "ahora me duelen, pero habrá un momento en que dejarán de hacerlo y yo seré más fuerte". Sí, lo sé, era un niño raro, pero aquello me ayudaba a superar el dolor.

Hay un refrán español que dice: "No hay mal que dure cien años". Algunos contestan a este dicho: "Ni cuerpo que lo resista".

Esto me recuerda la historia de un rey que quería grabar en un anillo para sus sucesores una frase sabia, tan sabia que los que la leyesen llorasen y riesen al mismo tiempo. Buscó por todo el reino, mandó mensajeros que preguntaran a todos los sabios y entendidos, pero ninguna de las frases le gustaba. Uno de sus mensajeros encontró a un niño que tenía un pequeño palo con una inscripción grabada. Al leerlo pensó que era precisamente lo que el rey estaba buscando. Lo llevó ante su presencia y delante de toda la corte se lo entregó. El rey al principio se quedó en silencio y todos lo observaban con temor. Después comenzó a reír y tras un rato, su semblante cambió y comenzó a llorar. La gente estaba expectante por escuchar una frase tan sabia que era capaz de producir un efecto tan increíble. El rey al final leyó en voz alta la frase. "Esto también pasará". Aquella frase contenía la transitoriedad de la vida, lo superficial y pasajero que era todo. La fama y el triunfo de ayer son la derrota y el olvido de hoy.

Los emperadores y generales romanos que entraban desfilando para anunciar su victoria a todos los ciudadanos, llevaban detrás un estandarte que ponía en latín: "Recuerda que eres mortal".

Recordemos que somos mortales, que solo existe el presente y que sea cual sea el sufrimiento que padezcamos, este también pasará.

PUNTOS IMPORTANTES

1) La preocupación es algo natural.
2) No existen vidas sin preocupaciones, los ricos también lloran.
3) Disfrutemos de los malos y buenos momentos por igual.
4) Dice la Biblia que es más sabio estar en la casa del luto que en la de fiesta.
5) Para vivir sabiamente ocúpate y no te preocupes demasiado.

11

Sacando las cosas de casa

*El dinero solo puede comprar cosas materiales,
como alimentos, ropas y vivienda. Pero se necesita
algo más. Hay males que no se pueden curar con
dinero, sino solo con amor.*

MADRE TERESA DE CALCUTA

Nunca en toda la historia de la humanidad el hombre había
tenido tantas posesiones materiales. Hace poco leía que un
rey de la Antigüedad o de la Edad Media tenía menos posesiones materiales que personas que en la actualidad califica-
ríamos como pobres. El abaratamiento de la producción de
muchas cosas ha hecho que sean asequibles al gran público.
Nunca antes había sucedido algo así.

La sociedad de consumo es un fenómeno que apenas abar-
ca los últimos ciento cincuenta años. Es cierto que, aun así,
hasta la llegada de la producción en masa del siglo XX la sociedad de consumo no se desarrolló plenamente. Desde casi

el principio la oferta de productos fue mayor que la demanda; por eso muchas empresas crearon en algunos de los bienes producidos la obsolescencia programada, cuyo fin era que los aparatos y objetos se dañasen o estropeasen llegado el momento. Esta obsolescencia obligaba al consumidor a comprar unos años o meses más tarde un nuevo producto. El otro gran invento de la sociedad de consumo fue la publicidad. Las marcas, en cierto sentido, siempre habían existido. Al fin y al cabo, era el nombre de las casas o familias que producían los productos. Esa marca o nombre garantizaba la calidad y aseguraba la procedencia del producto.

El sociólogo Thorstein Veblen escribió una obra muy interesante a finales del siglo XIX que parecía vaticinar la llegada de esa sociedad de consumo. En su libro *La teoría de las clases ociosas*, Veblen ya auguraba que el consumo de productos se relacionaría con las diferentes clases y que, para poder pertenecer a una de ellas, el consumidor debería adquirir algunos objetos de cierto valor a los que no podían acceder otros consumidores, distinguiéndose así de las otras clases.

La idea de las clases ociosas se inspiraba en los millonarios de la llamada Edad Dorada, que abarcaría el último cuarto del siglo XIX. Aquellos primeros ricos ociosos comenzarían una frenética búsqueda del hedonismo y la imagen de triunfo que se generalizaría en el siglo XX, sobre todo después de las dos guerras mundiales.

Veblen hablaba de una estratificación social y ya vaticinaba que en lugar de admirar a los científicos, literatos y otras personas que aportasen a la sociedad su saber y conocimiento, aquella clase dirigiría su admiración hacia los elementos más ostentosos y menos útiles. Eso lo vemos constantemente en las redes sociales, pero también en la televisión, donde mucha gente se hace famosa por la pareja que tiene, por cómo viste o por sus viajes.

¿Por qué nos importan tanto las cosas materiales?

Hemos relacionado imagen, dignidad, autoestima e incluso honor a poseer el mayor número de cosas. Eso nos lleva a la acumulación de bienes materiales, pero también inmateriales, como la educación de alto nivel que tan cara sale a muchos padres en América y Europa. Muchas de las universidades de élite se han convertido en un lucrativo negocio más que en un lugar de enseñanza. No hace mucho saltaba el escándalo de varios famosos estadounidenses que habían hecho donativos ilegales a ciertas universidades para que admitieran a sus zoquetes vástagos. En España se descubrió toda una trama de máster y títulos ilegales que se impartían en una universidad pública a cambio de favores políticos.

Ante la avalancha de consumismo exacerbado, algunas personas están optando por una vida más sencilla. ¡Todo el mundo quiere tu dinero! ¡No lo olvides! Ese dinero que tanto te cuesta ganar.

Debido a este exceso de consumismo, han surgido diferentes propuestas para intentar recuperar la paz y la armonía que nos roba el frenético deseo de adquirir bienes materiales. Una de ellas es buscar una vida simple o sencilla, y la otra, intentar vivir de forma pausada.

Una vida simple busca regresar a lo esencial y, para ello, uno de los objetivos es deshacerse de lo superfluo y liberar nuestros hogares de trastos innecesarios, pero no dejamos esos trastos para introducir otros, sino para librarnos de ellos para siempre.

La búsqueda de la calma, la espiritualidad e, incluso, la salud física y mental, tienen como objetivo devolvernos nuestro tiempo y recursos, aunque de eso ya hablaremos más adelante. La vida sencilla también busca recuperar el equilibrio y la armonía con el medio ambiente que existía antes de la era industrial.

A lo largo de la historia ha habido varios ejemplos de personas que dejaban las cosas materiales para centrarse en lo esencial. Algunos de ellos incluso fundaron religiones o filosofías como es el caso de Confucio, Zaratustra, Buda y, naturalmente, Jesús, aunque veremos que la austeridad de Jesús es muy distinta, por ejemplo, a la de Buda.

Dentro del cristianismo siempre ha habido una corriente espiritual que abogaba por dejar de lado los bienes materiales. Religiosos como Francisco de Asís, Benito de Nursia, Teresa de Jesús o Juan de la Cruz son algunos de los más conocidos. También intelectuales como León Tolstoi o Mahatma Gandhi. En la filosofía griega, el epicureísmo pretendía dejar todos los bienes materiales. Su fundador Epicuro lo dejó todo, vivía en la calle e iba desnudo.

No pretendemos llegar a esos extremos. La austeridad de Jesús es mucho más sencilla y no tenía que ver tanto con una filosofía sino por el deseo del Maestro de evitar sufrimiento a sus seguidores.

La sociedad norteamericana se ha convertido en adicta al trabajo. Partiendo de la buena base de la ética del trabajo y de la excelencia, el excesivo consumo y apariencia ha desembocado en vidas totalmente obsesionadas con el éxito. ¿Es realmente esto lo que Dios quería cuando creó al hombre?

Dios no creó a un ser ocioso que únicamente disfrutara de su Jardín del Edén. Desde el principio le asignó varias tareas como labrar y guardar el huerto:

> Tomó, pues, Jehová Dios al hombre, y lo puso en el huerto de Edén, para que lo labrara y lo guardase. Y mandó Jehová Dios al hombre, diciendo: De todo árbol del huerto podrás comer; mas del árbol de la ciencia del bien y del mal no comerás; porque el día que de él comieres, ciertamente morirás[1].

Además, Adán puso el nombre de todas las bestias y aves:

> Jehová Dios formó, pues, de la tierra toda bestia del campo, y toda ave de los cielos, y las trajo a Adán para que viese cómo las había de llamar; y todo lo que Adán llamó a los animales vivientes, ese es su nombre. Y puso Adán nombre a toda bestia y ave de los cielos y a todo ganado del campo; mas para Adán no se halló ayuda idónea para él[2].

Por tanto, el trabajo es algo intrínseco en el hombre, pero la adicción al trabajo es tan perjudicial como verlo como un simple castigo divino. Muchos aspiran a que les toque la lotería para dejar de trabajar, pero el ocio excesivo también es muy perjudicial.

[1] Génesis 2:15-17, RVR1960
[2] Génesis 2:19-20, RVR1960

Ya hemos comentado que en época de Jesús la riqueza se consideraba un signo de la bendición de Dios y las personas más ricas eran para los judíos las más espirituales. Había algunas excepciones como Zaqueo, el publicano que había adquirido su riqueza por medio del robo y los impuestos abusivos. Los judíos repudiaban a ese tipo de ricos, pero no tanto por sus métodos corruptos o injustos, como por su colaboracionismo con las autoridades romanas.

Zaqueo era un rico que vivía acuciado por un sentido de culpa que le llevó a ir a ver por donde pasaba Jesús. Curiosamente la palabra Zaqueo significa en hebreo "puro" o "inocente". Sin duda, el vaticinio de sus padres al ponerle el nombre no se había cumplido, ya que el bajito recaudador de impuestos podía ser cualquier cosa, pero sin duda no era puro ni inocente. Zaqueo vivía en Jericó y, en el evangelio de Lucas, se nos narra cómo al pasar por allí Jesús, Zaqueo se subió a una higuera.

El jefe de los publicanos estaba subido al árbol cuando Jesús le ordenó que descendiera para que lo llevara a comer a su casa. Zaqueo reaccionó a la propuesta de Jesús no solo dándole comida, sino arrepintiéndose de sus pecados, entregando la mitad de sus bienes a los pobres y resarciendo a todos los que habían engañado con su mala praxis.

Lo más curioso es que tras el acto de confesión de Zaqueo, Jesús contó la parábola de las diez minas. Un hombre noble dio diez minas a diez de sus siervos para que las cuidasen y multiplicasen. Las minas valían sesenta siclos o unos cinco kilos de plata, una considerable suma para la época. Uno de los siervos guardó su mina y no le sacó producto, de modo que fue reprendido por su señor. En el fondo, Jesús está hablando de cómo administramos los bienes materiales, el tiempo y los dones en nuestra vida. Él no quiere únicamente nuestros diezmos y ofrendas. Desea que no derrochemos lo que Él ha puesto en nuestras manos.

Jesús en su etapa de predicación apenas tenía posesiones materiales, además de la túnica, el manto, unas sandalias, puede que un zurrón… Vivía de los donativos de algunas personas. Él no estaba apegado a las cosas materiales.

Mi esposa es de esas personas muy poco apegadas a las cosas materiales. A mí me cuesta un poco más. Muchas veces busco algo de ropa u otra cosa y no la encuentro por ningún lado de la casa. Cuando le preguntó dónde está, siempre me responde que la ha regalado, donado o tirado a la basura. Ella ha aprendido a deshacerse de cosas, aunque más de las mías que de las suyas.

La mejor forma de dejar ir a las cosas es: en primer lugar, no permitir que las cosas materiales se conviertan en recuerdos emocionales. Está bien tener retratos, pero guardar la primera papelera que me compré porque allí tiraba las primeras hojas de mis manuscritos, o el traje de la boda que jamás me volveré a poner, no tiene mucha lógica. En segundo lugar, no guardemos cosas utilizando la famosa frase "por si acaso". Durante gran parte de mi vida guardé cosas "por si acaso" que no utilicé nunca más. En tercer lugar, si te cuesta tirar algo piensa si tu vida será peor sin eso, seguramente no. En

> **Nosotros debemos poseer a las cosas y no las cosas a nosotros.**

cuarto lugar, tira todo lo que te es inútil; no tiene sentido guardarlo. En quinto y último lugar, cambia tus prioridades y afectos, vuélcalos en las personas y no en las cosas.

Algunas personas llegan a desarrollar el trastorno de Diógenes. En estos casos la persona se abandona personal y socialmente, incluida su higiene. Por ello guarda en su casa desperdicios, basura y objetos inútiles y, a veces, los busca en la calle para meterlos en casa. En casos graves se necesita la ayuda de expertos de la salud.

Jesús amaba a las personas más que a las cosas, y nosotros debemos imitarle en esto. Además, era desprendido y no le gustaba aparentar en un sentido ni en el otro. No era austero hasta el grado de Epicuro, pero tampoco intentaba ganar a los demás por sus ropas o imagen.

PUNTOS IMPORTANTES

1. Nosotros debemos poseer a las cosas y no las cosas a nosotros.
2. Debemos intentar crear vínculos emocionales con las cosas.
3. La acumulación de bienes no nos convierte en personas más importantes que las que no los tienen.
4. Es bueno desprenderse de algo viejo cada vez que metemos algo nuevo en casa.
5. Jesús amaba a las personas y la sencillez.

12

No necesitas comprar para ser feliz

Nos hallamos en una situación en la que, de modo constante, se nos incentiva y predispone a actuar de manera egocéntrica y materialista.

ZYGMUNT BAUMAN
Sociólogo

Bauman nos advirtió antes de su muerte que la sociedad de consumo no buscaba cubrir nuestras necesidades básicas, ni ayudarnos a ser más felices. Lo que realmente pretende el consumo es crear un sentido de insatisfacción que nos anime compulsivamente a conseguir más bienes materiales. En el fondo, muchos de nosotros nos parecemos al hámster que da infinitas vueltas a una rueda que en el fondo no le lleva a ninguna parte, pero que le ayuda a olvidar que se encuentra en una jaula.

La publicidad nos promete una vida feliz, el cumplimiento de todos nuestros deseos y la tan anhelada satisfacción, pero en el fondo busca justo lo contrario. Lo que nos genera es más frustración, ya que cada vez hay nuevas cosas que adquirir (supuestamente mucho mejores) y, sobre todo, nuevas.

Nuestra sociedad está obsesionada con lo nuevo. En cambio, desprecia lo viejo y obsoleto.

Bauman llega al fondo de la cuestión cuando explica, en su magistral obra *Vida de Consumo*, que "la característica más prominente de la sociedad de consumidores —por cuidadosamente que haya sido escondida o encubierta— es su capacidad de transformar a los consumidores en productos consumibles"[1].

Ahora ya no somos consumidores, somo productos a consumir. Las redes sociales roban nuestra información personal, se enteran de nuestros gustos, aficiones y sueños, para después venderlos al mejor postor. Sin duda estamos ante la mayor manipulación masiva de la historia de la humanidad.

La sociedad es la que crea el consumo para transformarlo en una fuerza externa que ayude al funcionamiento de la sociedad de consumo, basada en la oferta y la demanda, la compra y la venta de objetos.

Los publicistas y las grandes empresas buscan que más allá de consumir, el individuo trabaje para su máquina de hacer dinero, para lo cual pretenden dirigirnos hacia los productos y el estilo de vida que ellos quieren vender.

La compra se ha convertido en mucho más que una forma de satisfacer nuestras necesidades. Es ante toda una búsqueda continua y frustrada de la felicidad. La continua estimula-

---

[1] Bauman, Zygmunt (2007): *Sociedad de Consumo*, México: Fondo de Cultura Económica, pág. 26.

ción para la búsqueda de esa quimérica vida feliz produce justo el efecto contrario: una profunda angustia vital.

Jamás debemos comprar algo para sentirnos bien.

A pesar de las continuas manipulaciones que sufrimos, el ansia por experimentar de nuevo el placer y la dicha por el objeto anhelado nos hace olvidar la frustración del último que hemos intentado conseguir. Además, la continua oferta de nuevas emociones nos hace olvidar rápidamente la frustración. Bauman lo explica magistralmente:

> "No llorar sobre la leche derramada" es el mensaje latente en todos los comerciales que nos prometen un camino inexplorado hacia la felicidad. O bien el *big bang* ocurre ahora, en el momento mismo de nuestro primero intento, o no tiene sentido demorarse en ese punto en particular y es hora de dejarlo atrás y pasar a otro[2].

Por eso la sociedad de consumo necesita que sus miembros vivan en una continua contradicción. A pesar de prometer la felicidad, debe fomentar la frustración para que la búsqueda de la primera no cese. En el fondo, esta sociedad consumista es como las anteriores, lo único es que ha sido subida a la décima potencia.

La sociedad de consumo no se conforma solo con mantenernos en esa eterna y frustrante búsqueda de la felicidad, además, como apuntábamos antes, insiste en cosificarnos y convertirnos en un producto más. Debemos vendernos como

[2] Id., Ibid., pág. 57.

un buen producto profesional, dando las credenciales de lo que somos, un buen producto amoroso e, incluso, un buen producto religioso.

Consumimos para no quedar excluidos, para seguir perteneciendo al grupo, e intentamos tener las características necesarias para ser vendibles.

Naturalmente, esta carrera frenética por consumir tiene que ser exhibida, ya que consumir de forma anónima no tiene la recompensa social de la envidia o el aplauso, el anhelado "me gusta" de las redes sociales.

Lo que compramos define lo que somos y la publicidad nos da diferentes versiones, incluso una de rebeldía, pero en el fondo se adapta a los patrones de consumo y no los cuestiona. ¿Quiénes somos? Lo que tenemos y lo que podemos vender a los demás.

En el fondo, lo que estamos haciendo es satisfacer el deseo de aprobación, pero al final la cosificación en la que nos hemos convertido nos transforma en un bien de cambio, más que en un ser importante en sí mismo e inviolable en su esencia.

¿Cómo podemos romper el ciclo que nos lleva a buscar la felicidad en las cosas?

En primer lugar, necesitamos ser más críticos, no creernos todo lo que nos dicen, cuestionarlo y juzgarlo.

En segundo lugar, debemos detectar cuando están manipulando nuestras emociones, tomando la determinación de no tomar nunca una decisión que no esté meditada.

En tercer lugar, es necesario que nos conozcamos a nosotros mismos; esto nos ayudará a descartar lo superfluo.

Por último, y tal vez lo más importante, no podemos dejar que las marcas y las posesiones nos definan, aunque los demás les den una importancia desmedida. Esto significa no entrar en el juego sutil del "tanto tienes, tanto vales".

Jesús desechó la cosificación del hombre. Él mismo tomará el título de Hijo del Hombre para que comprendamos el infinito valor que tenemos cada uno de nosotros. Un valor que no tiene nada que ver con la ropa que usamos, el coche que conducimos o la casa en la que vivimos. Si algo es el cristianismo, es una comunidad en la que las clases, las diferencias raciales o de sexo son tan intrascendentes que no debería ni hablarse de ello.

Aun así, es fácil introducir los valores del mundo en la iglesia, como dice Santiago en su epístola:

> Porque si en vuestra congregación entra un hombre con anillo de oro y con ropa espléndida, y también entra un pobre con vestido andrajoso, y miráis con agrado al que trae la ropa espléndida y le decís: Siéntate tú aquí en buen lugar; y decís al pobre: Estate tú allí en pie, o siéntate aquí bajo mi estrado; ¿no hacéis distinciones entre vosotros mismos, y venís a ser jueces con malos pensamientos?[3].

La sociedad del primer siglo no solo era clasista, también era esclavista. El esclavismo era la cosificación absoluta del ser humano, por lo que el esclavo se convertía en una pertenencia de su amo. Por eso Pablo, cuando habla a las iglesias de la relación que tiene que haber entre amo y esclavo, no está aproban-

---

[3] Santiago 2:2-4, RVR1960

do la esclavitud, como a veces se ha dicho, lo que está haciendo es dar por primera vez al esclavo una identidad humana, que está muy por encima de la cosificación de su época.

Dios creó al hombre conforme a su imagen y semejanza[4], lo que le convierte en un ser de un inmenso valor. Los derechos del hombre y el ciudadano se basan en este principio, aunque no lo reconozcan.

Jesús no quiere que busquemos la felicidad en las posesiones materiales, tampoco el sentido de nuestra vida, ya que lo único que da la verdadera felicidad es Dios mismo. En las bienaventuranzas Jesús nos da una lección magistral sobre la verdadera felicidad, que no se basa en lo que tenemos. Sus bienaventuranzas son un verdadero manifiesto en contra de los valores del mundo.

PUNTOS IMPORTANTES

1) La felicidad no se encuentra en las cosas que poseemos.
2) Debemos analizar lo que nos ofrecen y juzgar si realmente lo necesitamos.
3) Jamás debemos comprar algo para sentirnos bien.
4) No debemos buscar la aprobación de los demás.
5) Dios nos hizo con un valor infinito al crearnos conforme a su imagen y su semejanza.

[4] Génesis 1:26-28, RVR1960

13

Primero el Reino de Dios

Para pasar por la puerta que conduce al Reino de Dios, debemos arrodillarnos.

CATHERINE DOHERTY
Trabajadora social canadiense

La búsqueda de un mundo feliz, un planeta en el que reine la paz y la concordia siempre, ha sido la obsesión de todos los seres humanos. John Milton, en su magnífica obra *El paraíso perdido*, nos explica de forma magistral el deseo del ser humano de regresar a casa. El poema describe la tentación del hombre, la caída y la expulsión del Paraíso. En el extenso libro de Milton se ve la rebeldía de Satanás, que prefiere reinar en el infierno que servir en el cielo. En el fondo, el autor está por primera vez construyendo la figura del Diablo como la de un ser positivo que se rebela ante un Dios injusto y despótico, haciendo un favor al hombre al sacarlo del infantilismo del Edén y regalándole la conciencia del bien y del mal. Al final,

Milton reconoce que el ser humano se encuentra perdido y que es por medio de un salvador que regresará de nuevo al Reino de Dios y a la felicidad.

Los seres humanos seguimos buscando el paraíso perdido. Hasta la persona más abyecta en algún momento ha sufrido una injusticia o un desprecio y ha anhelado un mundo justo y perfecto. Esta incesante búsqueda de la perfección condujo a la humanidad a crear diferentes tipos de sociedades, algunas de ellas con la pretendida misión de traer de nuevo el cielo a la tierra. De todas ellas, tal vez la más significativa fue el marxismo. Y ahora sufrimos una nueva oleada de marxismo leninismo, en una sociedad que parece haber olvidado que los diferentes regímenes comunistas han ocasionado al menos unos cien millones de muertos, aunque algunos autores apuntan a muchos más. Únicamente China y la URSS habrían terminado con ciento tres millones de personas.

Poner el Reino de Dios primero es vivir conforme a sus leyes.

El marxismo tiene la capacidad de superar las más terribles críticas y convertirse periódicamente en una supuesta alternativa al capitalismo. La ideología de Karl Marx se ha puesto en práctica en casi cincuenta países desde su famoso Manifiesto Comunista, fracasando económica, política y socialmente en todos ellos. Algunos de los países más pobres del mundo siguen siendo de ideología comunista, como Venezuela y Cuba, pero otros muchos se muestran deseosos de unirse a la larga lista de desastres humanitarios y económicos que ha ocasionado el marxismo. ¿Por qué se da esta situación?

El marxismo o "socialismo científico", como a su fundador le gustaba llamar a su corriente filosófica y política —tal vez para poner un halo de racionalidad y cientifismo que nunca tuvo—, se creó a mediados del siglo XIX. Karl Marx era hijo de un abogado alemán de origen judío que se había convertido al protestantismo. Su gran amigo Friedrich Engels, hijo de un magnate calvinista, fue el que mantuvo a la familia de Marx y propició su proyecto político e ideológico. Los primeros pasos de Marx estuvieron muy cercanos a la fe cristiana. Educado de forma privilegiada, su llegada al centro de secundaria de Tréveris le hizo profundizar en las ideas sobre Jesús por medio de su profesor Johann Abraham Küpper, pero su llegada a la Universidad de Bohn, y después a la de Berlín, le llevaron a las ideas de Hegel y, más tarde, a unirse al movimiento.

El pensamiento de Marx al final creó una de las ramas del comunismo, el marxismo, una perspectiva socioeconómica de la realidad y la historia, que defendía que la lucha de clases y el conflicto social creaban una sociedad injusta que únicamente podría terminar con la revolución, la dictadura del proletariado y un mundo de igualdad. Este mundo de felicidad marxista no está exento de propiedad, pero los trabajadores y agricultores controlan las fuerzas productivas y los medios de producción. Lenin y Stalin pretendieron crear "al nuevo hombre soviético". Hasta la terminología está tomada de la Biblia. En el fondo, el marxismo se convirtió en un sustituto de la religión. El marxismo tenía sus libros sagrados, sus dioses —con el culto al líder, en especial de Marx, Lenin y Stalin— y sus sacerdotes en los miembros del partido.

El deseo de buscar el paraíso perdido ha generado verdaderos monstruos. El fascismo y después el nazismo fueron los hijos pequeños nacidos del seno del comunismo marxista.

¿Por qué el hombre del siglo XX eligió estos caminos revolucionarios y contrarrevolucionarios? En el fondo, anhelaba el paraíso perdido y el establecimiento del Reino de Dios en la Tierra, pero en lugar de hacerlo por el camino del amor anunciado por Cristo, por la predicación de la Buena Noticia y apoyándose en la Segunda Venida de Cristo, tomó de la Revolución Francesa las ideas jacobitas y las llevó hasta las últimas consecuencias. Frente al amor se puso el odio de clases; en lugar del nuevo hombre a imagen de Cristo, el nuevo hombre soviético, y en lugar de la fraternidad universal en la que terminarían las guerras el odio y el dolor, la lucha de clases por medio de la dictadura del proletariado.

Primero tenemos que poner por delante el Reino de Dios, pero ¿qué es el Reino de Dios?

Jesús nos enseña qué es el Reino de Dios cuando, en el sermón del monte, pone las bases de las nuevas leyes que lo van a regir, y que se resumen en las Bienaventuranzas. Para los judíos, el Reino de Dios sería instaurado por el Mesías, prometido al rey David del que tendría que salir un descendiente que reinaría con justicia, amor y poder. Para los cristianos, el Mesías ya vino y volverá para instaurar plenamente su reino, aunque ya está entre nosotros. Todos los cristianos formamos ese reino y debemos aplicar sus valores y leyes en lugar de las del mundo.

El Reino de Dios está primero cuando somos pobres en espíritu, lloramos por causa de la justicia, tenemos un deseo profundo de justicia, amamos misericordiosamente, buscamos la paz y sufrimos con paciencia la persecución.

El reino de este mundo es todo lo contrario, los apóstoles lo llamaron el reino de los anticristos, a los que tanto Pablo, Juan y Pedro nombran en diferentes partes del Nuevo Testamento, aunque el texto más significativo es el de la primera epístola de Juan:

> Y el mundo pasa, y sus deseos; pero el que hace la voluntad de Dios permanece para siempre. Hijitos, ya es el último tiempo; y según vosotros oísteis que el anticristo viene, así ahora han surgido muchos anticristos; por esto conocemos que es el último tiempo. Salieron de nosotros, pero no eran de nosotros; porque si hubiesen sido de nosotros, habrían permanecido con nosotros; pero salieron para que se manifestase que no todos son de nosotros[1].

Es curioso que el apóstol Juan llama anticristos a todos los que han negado a Cristo saliéndose del mensaje predicado por la iglesia, pero al mismo tiempo haga referencia a un anticristo que llegará al final de los tiempos y que consumará la obra del Diablo, instaurando un reino exento de Dios.

¿Cómo podemos poner primero el Reino de Dios?

El Reino de Dios es intangible, no se puede tocar o ver físicamente, pero se encuentra en cualquier lugar en el que un cristiano vive con los valores, las leyes y principios de ese reino. Por tanto, lo que tenemos que hacer es cumplir las enseñanzas de Jesús y andar como él anduvo.

[1] 1 Juan 2:17-19, RVR1960

Jesús lo afirmó varias veces, pero en esta respuesta dada a los fariseos lo dejó muy claro:

Preguntado por los fariseos, cuándo había de venir el reino de Dios, les respondió y dijo: El reino de Dios no vendrá con advertencia, ni dirán: Helo aquí, o helo allí; porque he aquí el reino de Dios está entre vosotros. Y dijo a sus discípulos: Tiempo vendrá cuando desearéis ver uno de los días del Hijo del Hombre, y no lo veréis. Y os dirán: Helo aquí, o helo allí. No vayáis, ni los sigáis. Porque como el relámpago que al fulgurar resplandece desde un extremo del cielo hasta el otro, así también será el Hijo del Hombre en su día. Pero primero es necesario que padezca mucho, y sea desechado por esta generación[2].

El reino ya está entre nosotros, como dijo Jesús, pero aún no se ha producido la conclusión del tiempo de los gentiles y la manifestación completa del Reino de Dios.

Por eso somos extranjeros y advenedizos; nuestra ciudadanía está en los cielos y nos comportamos como peregrinos en esta tierra:

Por lo cual también, de uno, y ese ya casi muerto, salieron como las estrellas del cielo en multitud, y como la arena innumerable que está a la orilla del mar. Conforme a la fe murieron todos estos sin haber recibido lo prometido, sino mirándolo de lejos, y creyéndolo, y saludándolo, y confesando que eran extranjeros y pere-

---

[2] Lucas 17:20-25, RVR1960

grinos sobre la tierra. Porque los que esto dicen, claramente dan a entender que buscan una patria; pues si hubiesen estado pensando en aquella de donde salieron, ciertamente tenían tiempo de volver[3].

No nos aferremos a este mundo ni a las cosas de este mundo. Dios nos ha puesto en diferentes naciones, pero no para levantar la bandera del nacionalismo y el exclusivismo, sino para conquistarlas para su reino.

PUNTOS IMPORTANTES

1) Poner el Reino de Dios primero ha de ser una prioridad.
2) El mundo ha creado sustitutivos del Reino de Dios porque anhela regresar al Paraíso Perdido.
3) Poner el Reino de Dios primero es vivir conforme a sus leyes.
4) Jesús proclamó las leyes del Reino en el Sermón del Monte.
5) La única forma de no atarse a este mundo es ser consciente de que nuestra ciudadanía se encuentra en los cielos.

[3] Hebreos 11:12-15, RVR1960

14

La fe es la puerta que nos lleva a la paz interior

¿Racionalizar la fe? Quise hacerme dueño y no esclavo de ella, y así llegué a la esclavitud en vez de llegar a la libertad en Cristo.

MIGUEL DE UNAMUNO
Filósofo y escritor español

¿Cómo podemos creer en un mundo tan lleno de escepticismo? En las escuelas, en las universidades, en las casas, en los medios de comunicación y hasta en las redes sociales se invita a la gente a no creer sino en el aquí y el ahora. En los últimos setenta años se ha atacado más a la fe por medio de una educación enfocada a la incredulidad que en todos los años del comunismo. La persecución física de la fe lo único que consigue es que se alejen los que previamente no creían, o cuya fe era meramente superficial. Creo en la educación laica, pero no laicista. Pienso que, en una sociedad plural, el Estado no debe inclinarse ante ningún dogma o fe, pero tampoco creo que deba educar a sus ciudadanos en el ateísmo.

Mi hija, desde que entró en el instituto, ha escuchado en numerosas ocasiones el rechazo e insulto de su fe cristiana. Si esa falta de respeto se hubiera producido contra otras religiones, incluso contra ideologías de género y otras similares, las autoridades académicas no lo habrían permitido. La tolerancia en el mundo actual es unifocal: siempre se dirige hacia ciertos grupos y minorías, pero la tolerancia debe aplicarse a todos en todo momento. Los límites a la tolerancia únicamente deben ponerse al uso de la violencia para difundir ideas, y ante aquellas creencias e ideologías que impulsen actos violentos.

La lucha sobre el discurso de odio tan de moda en la actualidad tendría que aplicarse por igual para todos, o no hacerse ante ninguno. ¿Es discurso de odio defender que la única forma de conseguir la revolución es el exterminio de la clase burguesa? Sin duda podríamos decir que sí. Entonces deberíamos prohibir a todos los partidos comunistas, lo que desde mi punto de vista es un error.

La fe es mucho más que una mera creencia, aunque también es una creencia. Vemos su definición clásica según la Real Academia de la Lengua Española:

1. f. En la religión católica, primera de las tres virtudes teologales, asentimiento a la revelación de Dios, propuesta por la Iglesia.
2. f. Conjunto de creencias de una religión.
3. f. Conjunto de creencias de alguien, de un grupo o de una multitud de personas.

4. f. Confianza, buen concepto que se tiene de alguien o de algo. Tener fe en el médico.
5. f. Creencia que se da a algo por la autoridad de quien lo dice o por la fama pública.
6. f. Palabra que se da o promesa que se hace a alguien con cierta solemnidad o publicidad.
7. f. Seguridad, aseveración de que algo es cierto. El escribano da fe.
8. f. Documento que certifica la verdad de algo. Fe de soltería, de bautismo.

Vemos que hay que llegar a la cuarta acepción para encontrar la definición de la fe como confianza, a pesar de que es así como la define la Biblia. El concepto de fe ha estado durante siglos totalmente enfocado a las creencias, pero Jesús no vino a enseñarnos una creencia, sino a mantener una relación con nosotros y esa relación se produce sobre la única base de toda relación: la confianza.

En la epístola a los Hebreos se explica magistralmente:

Es, pues, la fe la certeza de lo que se espera, la convicción de lo que no se ve. Porque por ella alcanzaron buen testimonio los antiguos. Por la fe entendemos haber sido constituido el universo por la palabra de Dios, de modo que lo que se ve fue hecho de lo que no se veía[1].

---

[1] Hebreos 11:1-3, RVR1960

117

La fe es por tanto la certeza de lo que se espera y la convicción de lo que no se ve, pero por alguna razón siempre nos han enseñado que tiene más que ver con certezas que con convicciones. La fe, según enseña la Biblia, es confiar en Dios, y fiarse del mensaje de su hijo Jesús.

En muchos artículos se habla del crecimiento del ateísmo, aunque hay muchas dificultades para poder saber a ciencia cierta si una persona es atea, agnóstica o simplemente no practicante. En 1914 se hizo una encuesta a científicos en los Estados Unidos y un 58% decía no creer o no profesar ninguna religión. En el año 2007 se repitió la encuesta, donde el 62,2% decía no creer y el 31% se declaraba ateo, pero dos años más tarde se hizo una nueva, y el resultado se limitó a un 31,2% y un 17% que se declaraba ateo, aunque esto no es tan relevante, ya que la mera creencia tampoco cambia demasiado. Podemos creen en Dios y no vivir conforme a su Palabra y sus principios.

La fe no es una mera creencia, ante todo es una relación de confianza con Dios.

La religión no solo no decrece en el mundo, sino que en muchos sentidos está creciendo; pero religión tampoco es igual a fe. Ya que la religión es el intento del hombre de alcanzar a Dios, en muchos casos sincero y lleno de buenas intenciones, pero en otros muchos jalonado de dogmatismo, intolerancia y violencia. El caso del Estado de Israel y Palestina es un claro ejemplo: dentro de los dos territorios hay muchas personas religiosas, pero eso no ha traído más paz o concordia entre ellos.

La relativización del mundo por la posmodernidad ha contribuido a que muchas creencias religiosas, además, estén infectadas de una práctica cuanto menos dudosa. En la actualidad podemos encontrar a cristianos que pueden declararse como tales y al mismo tiempo budistas. Ese sincretismo entre varias religiones no es nada nuevo. Fue el que empleó la Iglesia de Roma al cristianizar a muchos pueblos paganos, tomando a sus dioses y sustituyendo sus altares por los de los santos o vírgenes. El templo de la Upsala donde se veneraba a los dioses nórdicos se construyó una iglesia, por ejemplo, y sobre antiguas mezquitas se levantaron después iglesias y viceversa.

El relativismo quiere hacernos creer que es la forma más justa de juzgar las cosas; es tan poco sostenible como decir que todo es relativo, ya que esta aseveración también lo sería. ¿Por qué se relativiza la moral y no, por ejemplo, la justicia social que se apoya en ella?

La lucha entre un mundo dogmático en el terreno religioso y el dogmatismo laico se acrecienta, algo que ya sucedía entre fariseos y saduceos en el siglo I. Los saduceos más racionalistas, en parte influidos por la filosofía griega y la cultura romana, se aferraban al culto del templo para mantener su poder político y religioso, aunque en el fondo estuviera supeditado a Roma, mientras que los fariseos lo hacían con respecto a su influencia en la interpretación y enseñanza de la Ley, desde sus sinagogas.

El problema de muchos es que no creen en el cristianismo porque no creen en absolutos morales, aunque esto ya sea en sí mismo un absoluto. Otros aducen que simplemente no sienten ninguna necesidad de Dios y que la explicación de su existencia está totalmente satisfecha en las ideas y teorías que defiende la ciencia. Pero si esto es así, ¿por qué vivimos una epidemia de suicidios y depresión? Seguramente porque nadie es demasiado sincero a la hora de reconocer que la falta de paz interior se debe a la ausencia de Dios en la vida del hombre.

Creer que Dios existe no produce paz, al menos no el tipo de paz que es capaz de resistir las adversidades. Puede que ayude a pensar en una justicia final e incluso en una vida después de la muerte, pero no produce paz aquí y ahora.

Entonces, ¿cómo podemos buscar la paz a través de la fe?

La paz interior es definida como un estado mental y espiritual de tranquilidad, dejando de lado la ansiedad y los desequilibrios que produce la existencia. Muchos buscan esa paz interior en la meditación trascendental, en el yoga, pero también en la práctica del deporte, en sus tradiciones y hábitos.

La paz no tiene que ver con las circunstancias.

La búsqueda del equilibrio es una constante en el ser humano, aunque parece que cuando más se busca más esquiva parece.

En el fondo, la paz interior del cristiano va más allá de un simple equilibrio emocional o una alegría pasajera. Tiene más que ver con la relación de confianza que se establece entre Dios y nosotros a través de Jesús. Cuanto más dependemos de nuestro creador, más paz interior experimentamos.

La Biblia llama a la paz interior "gozo", que en el fondo es mucho más que simple equilibrio: es vivir con una especie de alegría intensa que no tiene nada que ver con las emociones ni con las circunstancias.

El apóstol Pablo habla de este gozo en varias de sus epístolas, pero sin duda la más importantes es la dirigida a los filipenses. El apóstol se sentía muy agradecido por la generosidad de los filipenses, pero aún más por su buena disposición y actitud. A ellos es a los que más les expresa su gozo, a pesar de estar en la cárcel.

Pablo nos invita a regocijarnos, a gozarnos con la mayor de las intensidades, sin límites, como les dice a los filipenses: "Regocijaos en el Señor siempre. Otra vez digo: ¡Regocijaos! Vuestra gentileza sea conocida de todos los hombres. El Señor está cerca"[2].

El mismo Señor Jesús nos anima a gozarnos a pesar de que en este mundo solo tendremos aflicción, pero él nos anima a enfocarnos hacia el gozo: "Estas cosas os he hablado, para que mi gozo esté en vosotros, y vuestro gozo sea cumplido"[3].

Jesús quiere que sepamos que Él ha vencido al mundo; por tanto, teniendo una adecuada expectativa de eternidad, las aflicciones presentes se convierten en livianas y más fáciles de soportar:

Pues tengo por cierto que las aflicciones del tiempo presente no son comparables con la gloria venidera que en nosotros ha de manifestarse. Porque el anhelo ardiente de la creación es el aguardar la manifestación de los hijos de Dios[4].

[2] Filipenses 4:4-5, RVR1960
[3] Juan 15:11, RVR1960
[4] Romanos 8:18-19, RVR1960

Todos entendemos la teoría, pero el por qué estar gozosos y el cómo podemos llegar a experimentar esto en nuestras vidas es más complejo.

Franz Jalics, un conocido jesuita de origen húngaro, lleva toda la vida intentando utilizar el camino de la oración y la meditación cristiana para alcanzar el gozo. Jalics defiende que hay que intentar que los pensamientos no invadan tu vida, y que es necesario liberarse de todo lo que impida que tu mente se concentre en Dios. En su libro *Ejercicios de contemplación* explica el método que ha usado desde joven, cuando redescubrió a Dios tras luchar en la Segunda Guerra Mundial. Jalics habla de la importancia de conectar con la naturaleza, y dejar a un lado los agobios y las prisas de la vida. Esta, sin duda, es una forma sobre todo para los que están más enfocados en la contemplación, pero para otros, cuya mente no tiende a quedarse absorta en Dios, Él tiene otro camino: vivir activa y conscientemente, sabiendo que el Espíritu Santo es nuestro consolador, que permanece dentro de todos los que han entregado su vida a Cristo.

Dejarnos en Dios, sabiendo que Él tiene cuidado de nosotros es la forma de tener paz y gozo, sea cual sea la situación que estemos atravesando. El secreto de una vida en paz no es la relajación, la anulación de pensamientos, dejar la mente en blanco o unirnos con la naturaleza. El verdadero secreto es confiar en Dios, saber que Él tiene el control de nuestras vidas y que no sucederá nada que Él no permita.

PUNTOS IMPORTANTES

1) El hombre busca la paz interior desde el principio, pero en lugares equivocados.
2) La paz no tiene que ver con las circunstancias.
3) La fe, que es confianza, es el camino para alcanzar la paz con Dios.
4) La única forma de experimentar el gozo del Señor es ver los problemas con la perspectiva de eternidad.
5) Dios nos ha dado a su Espíritu Santo para que nos fortalezca en nuestra vida diaria.

15

El estrés es bueno si te persigue un león

Por nada estéis afanosos, sino sean conocidas vuestras peticiones delante de Dios en toda oración y ruego, con acción de gracias.

Filipenses 4:6

Winston Churchill, el primer ministro británico durante la Segunda Guerra Mundial, siempre decía que cuando miraba sus preocupaciones pasadas, recordaba la historia del hombre mayor que en su lecho de muerte veía que la mayoría de las cosas que le habían preocupado en la vida jamás habían sucedido. Nos pasamos la mayor parte de nuestra existencia imaginando cosas que jamás sucederán. Ya hemos comentado que es bueno prever algunas cosas, pero no podemos estar toda la vida anticipando situaciones y problemas que jamás sucederán.

La ansiedad es el gran mal de nuestro siglo, hasta el punto de que tres de cada cuatro pacientes que van a una consulta del psiquiatra tienen cuadros de ansiedad. En principio, no sería algo tan malo si lográsemos mantenerla bajo control, pero normalmente es ella la que nos controla a nosotros.

La ansiedad es la respuesta que da nuestro organismo para enfrentar algo, para adaptarnos al medio, podríamos decir.

Muchas de las personas ansiosas son negativas, ya sea por educación o inclinación. Me gusta mucho una cosa que dice mi pastor: "Me temo lo mejor". La realidad es que siempre tememos los peor.

La ansiedad puede tener un componente genético. En mi caso es así, ya que mi padre era un hombre muy ansioso, pero también puede producirla un ambiente estresante o algunas personalidades altamente sensibles.

En su libro *Lo primero que necesitas saber sobre la ansiedad*, Fabiola Cuvas describe la ansiedad de una forma muy gráfica, utilizando el ejemplo de un árbol. Dice que el estrés serían las raíces del árbol, el tronco sería la ansiedad y las ramas serían los diferentes tipos de ansiedades que existen. A veces se intentan atacar los síntomas más que la raíz del problema y se medica a la persona, pero si no encontramos el origen, esta volverá periódicamente a machacar al individuo.

Algunos síntomas pueden manifestarse a nivel social, físico y emocional. Con respecto al nivel social, la ansiedad puede generar la fobia social, la reclusión o el comportamiento TOC (trastorno obsesivo compulsivo). Los síntomas físicos pueden abarcar la aceleración de órganos que derivan en trastornos digestivos, micciones frecuentes, taquicardias y otras alteraciones del organismo. En la parte emocional, suelen producirse pensamientos negativos, pesimismo y miedo irracional.

La ansiedad también puede llevarnos a alejarnos de Dios, ya que al sufrir todos estos síntomas comenzamos a dudar de que Él quiera
ayudarnos y de que esté a nuestro lado.

En muchas ocasiones nos preocupamos por cosas que no sucederán jamás.

Ya hablé de mi ataque de pánico cuando
era joven, sin duda es la experiencia más trau-
mática que he tenido en toda mi vida. Estos sue-
len producirse cuando las hormonas del estrés, el cortisol y la
adrenalina se descontrolan en nuestro organismo. Esa fuerza
y energía, que necesitaríamos para huir de un león, es un problema cuando simplemente se trata de una respuesta excesiva
de nuestro organismo frente a un miedo irracional.

¿Qué podemos hacer para intentar bajar nuestro nivel de
ansiedad?

En primer lugar debemos controlar nuestros pensamientos,
como dice en la epístola a los corintios:

Porque las armas de nuestra milicia no son carnales, sino pode-
rosas en Dios para la destrucción de fortalezas, derribando argu-
mentos y toda altivez que se levanta contra el conocimiento de
Dios, y llevando cautivo todo pensamiento a la obediencia a Cristo, y estando prontos para castigar toda desobediencia, cuando
vuestra obediencia sea perfecta[1].

Hemos de llevar nuestros pensamientos cautivos en obediencia a Cristo, dejando que sea Él quién controle nuestra mente.

[1] 2 Corintios 10:4-6, RVR1960

En segundo lugar, debemos evitar pensamientos compulsivos y negativos, intentando estar por encima de ellos, como dice el profeta Isaías: "Porque mis pensamientos no son vuestros pensamientos, ni vuestros caminos mis caminos, dijo Jehová. Como son más altos los cielos que la tierra, así son mis caminos más altos que vuestros caminos, y mis pensamientos más que vuestros pensamientos"[2].

En tercer lugar, debemos romper con el ciclo del temor, dejando que sea Cristo el que nos de la fuerza para vivir. Como dice el salmista, "Jehová está conmigo; no temeré lo que me pueda hacer el hombre"[3].

Por último, usemos el buen humor para recuperar la alegría, el gozo del que hablábamos en el capítulo anterior.

También estaría bien que estuviéramos vigilantes. Hay situaciones que aumentan nuestro estrés como son los cambios radicales: problemas económicos, muerte de seres queridos, pérdida de trabajo o cambio de domicilio. También influyen la autoexigencia excesiva —este es uno de los problemas con los que yo lucho diariamente, soy el jefe más inflexible que tengo—, las demandas exteriores, los jefes exigentes, cambios en el trabajo, personas que no respetan nuestro tiempo y nos obligan a hacer actividades que no deseamos.

Uno de los enemigos más implacables que tenemos y que intenta robarnos la paz es nuestro adversario, el Diablo. Sabemos que nuestra lucha no es contra carne ni sangre, como el apóstol Pablo dice a los efesios en su epístola: "Porque no

2 Isaías 55:8-9, RVR1960
3 Salmo 118:6, RVR1960

tenemos lucha contra sangre y carne, sino contra principados, contra potestades, contra los gobernadores de las tinieblas de este siglo, contra huestes espirituales de maldad en las regiones celestes"[4].

PUNTOS IMPORTANTES

1) El estrés no es malo si nos ayuda a afrontar un peligro inminente.
2) En muchas ocasiones nos preocupamos por cosas que no sucederán jamás.
3) Debemos analizar nuestras emociones y pedir a Jesús que tome el control de nuestra vida.
4) Las presiones pueden venir de muchas partes. Descubramos su origen e intentemos combatir la ansiedad.
5) Muchas veces hay que detenerse, analizar la situación y, si es necesario, pedir ayuda profesional.

[4] Efesios 6:12, RVR1960

16

Jesús quiere que seas sabio y prudente

Nadie prueba la profundidad del río con ambos pies.

Proverbio

La sabiduría se encuentra en horas bajas. Hubo una época y un mundo que buscaban la verdad y que ya no existen. Antonio Machado, el famoso escritor español, dijo acerca de la importancia de buscar la verdad por encima de todo: "Tu verdad no, la verdad; y ven conmigo a buscarla. La tuya guárdatela"[1].

El relativismo, nacido de la filosofía, que cree que no hay objetividad dentro del dominio particular y piensa que hay tantos puntos de vista como personas, se implantó poco a poco en Occidente hasta construir lo que se ha dado en llamar el "relativismo moral" y el "relativismo epistémico" que defiende

[1] Machado, Antonio: Proverbios y cantares, LXXXV, https://www.poesi.as/amach213.85.htm

que no hay hechos absolutos con respecto a las normas tanto de la razón como de las creencias. Ambos llevaron al relativismo ético, el cual defendía que no había verdades absolutas.

Aunque algunos quieren atribuir esta corriente filosófica y antropológica a los filósofos indios del siglo VI a.C. como Mahavira, del siglo II a.C. como Nagarjuna, y otros al sofismo de *Protágoras* —famoso diálogo de Platón en el que llega a afirmar que lo que es verdad para ti, es verdad para ti, y lo que es verdad para mí, es verdad para mí—, lo cierto es que el movimiento relativista tuvo su auge en el postmodernismo nacido en los años cincuenta, pero desarrollado en los años sesenta.

En la actualidad, el metamodernismo es el que rige la mente de la mayoría de los filósofos y ha llevado al mundo a su estado actual de perplejidad. El metamodernismo no es una corriente uniforme; más bien es una amalgama de ideas que se apoya en conceptos modernistas, postmodernistas y premodernos. El término lo crearon Timotheus Vermeulen y Robin van den Akker en su libro *Notes on Metamodernism*, donde afirmaron que desde el año 2000 se había regresado al modernismo, pero con posiciones posmodernas de los ochenta y noventa. En la actualidad se ha abandonado el relativismo y la ironía para dar lugar a una época postideológica, pero en la que importa más el compromiso y la sinceridad irónica. Por eso han surgido los nuevos dogmatismos, que a la vez que niegan las verdades absolutas intentan imponer las suyas, como la de algunos movimientos feministas radicales, ecologistas y de género. En contrapartida, se ha formado una ideología dogmática conservadora, que también dogmatiza sobre comportamientos y formas de vivir.

En el año 2019, el libro *Metamodernity: Meaning and Hope in a Complex World* de Lene Rachel Anderson, definió el metamodernismo como una amalgama de conceptos modernistas y de ideas premodernas tomadas de pueblos indígenas. Todo esto supone cambiar paradigmas que han regido a la sociedad occidental como el concepto de justicia, el de libertad o expresión, por otros muchos más etéreos, pero en el fondo más restrictivos.

Uno de los países que ha entrado de lleno en esta deriva ha sido Chile. Su actual presidente Gabriel Boric, del partido Convergencia Social, tiene un tipo de ideología metamodernista en la que se mezclan socialismo, ideología libertaria y feminismo, pero que a su vez apoya la pluralidad social y la visibilización de los pueblos indígenas.

Hanzi Freinacht defiende en su libro *The Listening Society* que estamos en una etapa evolutiva diferente. Para Hanzi, nuestro mundo parte de las sociedades arcaicas, pasando por la animista, la faustina, la postfaustina, la etapa moderna y la postmoderna. Hanzi piensa que los tres tipos humanos mejor adaptados a los cambios son los hípsters, los *hackers* y los *hippies*, ya que todos ellos viven fuera de la estructura. En el fondo, lo que pretende el metamodernismo es sacar al ser humano del consumismo, pero devolviéndole en muchos casos al mundo preindustrial.

¿Cómo podemos ser sabios y prudentes en un mundo que no cree en la sabiduría y la prudencia? Realmente, nunca ha creído en ninguna de las dos, al menos de la forma que nos enseña la Biblia.

El apóstol Santiago definió la sabiduría de su tiempo en su carta de la siguiente manera:

> Pero si tenéis celos amargos y contención en vuestro corazón, no os jactéis, ni mintáis contra la verdad; porque esta sabiduría no es la que desciende de lo alto, sino terrenal, animal, diabólica. Porque donde hay celos y contención, allí hay perturbación y toda obra perversa[2].

Las palabras del apóstol Santiago no deben interpretarse como un desprecio a todo el conocimiento humano. Sin duda, la ciencia nos ha ayudado a crecer, a combatir numerosas enfermedades y mejorar la vida de las personas, pero endiosarla tampoco nos beneficia. El apóstol se refiere más bien al mecanismo que pone dentro de nosotros los siete pecados capitales que impulsan al mundo: lujuria, soberbia, envidia, gula, ira, pereza y avaricia. Estos pecados son lo que Dios llama sabiduría terrenal, animal y diabólica.

Muchas veces intentamos regirnos más que por la sabiduría que viene de lo alto, por la que proviene del ser humano caído y del infierno. Esto lo vemos en todo, desde las redes sociales hasta la manera de comportarnos profesionalmente.

¿Cuál es la sabiduría al estilo de Jesús?

En el evangelio de Lucas, Jesús nos pone un ejemplo muy claro. Dos hombres quisieron construir cada uno una torre.

[2] Santiago 3:14-16, RVR1960

El pasaje resalta la necesidad de sentarse y calcular las fuerzas antes de emprender cualquier acción humana, incluidas las que tienen que ver con la construcción del Reino de Dios. Curiosamente, tras describir lo que sucede a alguien que se queda a medias mientras construye una torre, y al rey que no calcula bien los hombres que tiene para la batalla y pierde, al final el versículo dice: "Así pues, cualquiera de ustedes que no deje todo lo que tiene, no puede ser mi discípulo"[3].

Jesús está hablando en este capítulo del Reino de Dios y de lo que le cuesta al hombre seguirle. Por eso en los versículos 25 y 26 vemos como el Maestro pone ante sus discípulos el mayor reto de sus vidas al decir:

Mucha gente seguía a Jesús; y él se volvió y dijo: Si alguno viene a mí y no me ama más que a su padre, a su madre, a su esposa, a sus hijos, a sus hermanos y a sus hermanas, y aún más que a sí mismo, no puede ser mi discípulo. Y el que no toma su propia cruz y me sigue, no puede ser mi discípulo[4].

La primera enseñanza para vivir una vida sabia y prudente nada tiene que ver con las filosofías de este siglo ni de los que le precedieron. Lo que nos pide Jesús es radical: que lo dejemos todo y a todos para seguirle, o lo que es lo mismo, que lo pongamos a Él en primer lugar. ¿Qué significa esto? Que vivamos para Él, que persigamos los valores y principios del Reino de Dios, que en el fondo no es otra cosa que negarse a sí mismo con todos los placeres y cualidades que pretendemos tener.

---

[3] Lucas 14:33, DHH
[4] Lucas 14:25-26, DHH

La segunda enseñanza no es menos radical: Jesús nos pide tomar su cruz. Tomar la cruz es sacrificarnos por los demás sin esperar nada a cambio, ser capaces de la entrega más extrema y sincera. Llevar el madero que en la época era un signo de vergüenza, humillación y derrota.

¿Esto quiere decir que tenemos que vender nuestros bienes y vivir como ascetas?

No. Es algo aún más difícil. Es vivir como ascetas sin renunciar a las cosas, evitar que estas tengan la fuerza y poder que muchas veces tienen sobre nosotros. La única forma de hacerlo es buscando la Verdad con mayúsculas.

El ser humano ha tenido la razón en una cosa: la Verdad absoluta como idea no existe, ya que la Verdad es Cristo: "Jesús le dijo: Yo soy el camino, y la verdad, y la vida; nadie viene al Padre, sino por mí. Si me conocieseis, también a mi Padre conoceríais; y desde ahora le conocéis, y le habéis visto"[5].

El apóstol Juan, en su introducción al evangelio que lleva su nombre, hace una descripción magistral de cómo Cristo es la Verdad:

En el principio era el Verbo, y el Verbo era con Dios, y el Verbo era Dios. Este era en el principio con Dios. Todas las cosas por él fueron hechas, y sin él nada de lo que ha sido hecho, fue hecho. En él estaba la vida, y la vida era la luz de los hombres. La luz en las tinieblas resplandece, y las tinieblas no prevalecieron contra ella[6].

[5] Juan 14:6-7, RVR1960
[6] Juan 1:1-5, RVR1960

Jesús, la Palabra creadora, la luz del mundo, vino para disipar las tinieblas. Él nos lleva a la verdadera sabiduría. Un tipo de sabiduría que nos permite vivir nuestro día a día.

¿Cómo podemos usar la sabiduría de Jesús en nuestra vida diaria?

Yo lo llamo el método de las tres preguntas.

La primera pregunta que debemos hacernos antes de tomar una decisión o emprender un camino es la siguiente:

¿Qué haría Jesús en mi caso? Esta pregunta parece compleja, pero a la luz de la Biblia no lo es. Sabemos que Jesús no actuaría de forma egoísta, soberbia, interesada, partidista, inmoral, hipócrita, contemporizadora o injusta. Él nos dio la medida perfecta: "Así que, todas las cosas que queráis que los hombres hagan con vosotros, así también haced vosotros con ellos; porque esto es la ley y los profetas"[7].

El texto es claro y conciso y se concreta en la segunda regla antes de tomar ninguna decisión o adoptar cualquier comportamiento:

Pero a vosotros los que oís, os digo: Amad a vuestros enemigos, haced bien a los que os aborrecen; bendecid a los que os maldicen, y orad por los que os calumnian. Al que te hiera en una mejilla, preséntale también la otra; y al que te quite la capa, ni aun la túnica le niegues. A cualquiera que te pida, dale; y al que tome lo que es tuyo, no pidas que te lo devuelva[8].

---

[7] Mateo 7:12, RVR1960
[8] Lucas 6:27-30, RVR1960

En contra de una sociedad mercantilista e interesada, Jesús nos llama al amor desinteresado. Esto era igual de radical en su época, quizás aún más, ya que los valores del Imperio romano afirmaban que había que destruir sin piedad a los enemigos.

Por último, esta ley del amor nos conduce al tercer modelo para tomar decisiones sabias como Jesús. Este último parámetro es el que el Maestro empleó para contestar la pregunta más difícil que le hicieron durante su etapa humana:

> Entonces los fariseos, oyendo que había hecho callar a los saduceos, se juntaron a una. Y uno de ellos, intérprete de la ley, preguntó por tentarle, diciendo: Maestro, ¿cuál es el gran mandamiento en la ley? Jesús le dijo: Amarás al Señor tu Dios con todo tu corazón, y con toda tu alma, y con toda tu mente. Este es el primero y grande mandamiento. Y el segundo es semejante: Amarás a tu prójimo como a ti mismo. De estos dos mandamientos depende toda la ley y los profetas[9].

Si amamos a Dios sobre todas las cosas y al prójimo como a nosotros mismos, no pecaremos, no haremos nada que esté fuera de la regla y guía moral de Jesús.

Para poder aplicar estas tres reglas, siempre tenemos que pararnos antes de actuar, reflexionar y, por último, ser muy valientes, ya que poner en práctica los valores de Jesús es algo muy difícil, pero con la ayuda del Espíritu Santo lo conseguiremos. Dios pondrá en nosotros el Fruto del Espíritu Santo

---

[9] Mateo 22:34-40, RVR1960

que se manifiesta en amor, gozo, paz, paciencia, benignidad, bondad, mansedumbre, fe y templanza. Aunque de este fruto ya hablaremos más adelante.

Frente a un mundo lleno de confusión y dogmatismo, una humanidad que cosifica y animaliza al hombre, Jesús nos habla de una nueva sociedad que Él está construyendo para devolver al ser humano la dignidad que ha perdido desde que fue creado por Dios.

PUNTOS IMPORTANTES

1) El mundo se apoya en sus propios paradigmas, unas veces hacen una cosa y después la contraria.
2) La sabiduría está cuestionada hoy en día, pero la de Dios es inmutable, no cambia.
3) La forma de poner en práctica la sabiduría y prudencia es sabiendo que Jesús encarna la Verdad y el único camino al Padre.
4) Nuestra regla moral es la regla de oro: Amar a nuestros enemigos y hacer con los demás lo que nos gustaría que hicieran con nosotros.
5) Toda la sabiduría de la Biblia se resume en Amar a Dios sobre todas las cosas y al prójimo como a nosotros mismos.

17

No somos lo que tenemos

Por mucho que un hombre valga, nunca tendrá valor más alto que el de ser hombre.

Antonio Machado
Escritor español

Parece casi imposible escapar del poder que una sociedad materialista como la nuestra ejerce sobre todas las cosas. A pesar de la importancia que el ser humano ha dado siempre a las cosas materiales, nunca en toda la historia del hombre las cosas materiales habían ocupado un papel tan trascendental.

Zygmunt Bauman, del que ya hemos hablado, definió a nuestra sociedad como una sociedad líquida. No deja de ser una paradoja que en el mundo materialista en el que estamos todos envueltos, casi todo lo moral y ético se haya convertido en un fluido volátil y adaptable a casi todo. Tal vez, la única cosa sólida sea el deseo de poseer cosas, aunque sea a costa de vender nuestra alma.

En una sociedad repleta de incertidumbre, una de las pocas cosas que parecen sólidas es, sin duda, las posesiones materiales. Puede que se dude del más allá, de los valores y principios, de las grandes verdades, pero no podemos dudar de lo tangible, medible y, sobre todo, cuantificable.

Con respecto a las riquezas y al aumento de estas en el mundo, hay varias teorías. Bauman es de los que piensa que desde los años setenta del siglo pasado la riqueza está peor distribuida, dando como paradoja que el 10% de la población mundial acumule el 76% de la riqueza del planeta, mientras que el restante 24% deba repartirse entre el otro 90% de la población.

Frente a los datos de la gran desigualdad a la hora de repartir la riqueza, estamos en la etapa más rica de la historia. Por poner solo un ejemplo, los activos desde el año 2000 al 2020 pasaron de unos cuatrocientos cuarenta billones de dólares a mil quinientos cuarenta billones del 2020, creciendo también el patrimonio neto hasta cinco veces con respecto a veinte años atrás. A pesar de todo este crecimiento, el 60% de la riqueza del mundo se concentra en apenas nueve países: China, Estados Unidos, Alemania, Francia, Canadá, Australia, Japón, México y Suecia. Las listas varían, pero México y España estarían entre los lugares 14 y 15 en algunas estadísticas, y en el 8, según otras. Las variaciones se deben a los parámetros utilizados para medir las riquezas.

El materialismo, curiosamente, no tiene únicamente que ver con el capitalismo y el deseo de poseer más cosas. También tiene que ver con el marxismo y su obsesión de convertir a toda la historia de la humanidad en una gran transacción comercial.

> Vivimos en un mundo materialista en el que *tanto tienes, tanto vales.*

Las dos corrientes en disputa desde el siglo XVI han sido el materialismo frente al idealismo. Estas dos ideas se contraponen en virtud de su visión radicalmente opuesta sobre la naturaleza de la realidad. Para los idealistas la mente y el espíritu son primarios y la materia es secundaria. En el caso de los materialistas es justo al revés: lo material va primero, mientras que la mente, el espíritu y las ideas son secundarios.

El materialismo filosófico moderno, en especial con el marxismo, puso de manifiesto una visión materialista de la historia y una explicación meramente económica de la existencia humana. Además, utilizaron la dialéctica de Hegel para desarrollar el materialismo dialéctico, retirando del hegelianismo los aspectos idealistas. Lo malo del materialismo es que suele tender hacia el reduccionismo e, incluso, hacia el absurdo.

Hobbes, Descartes y La Mettrie comenzaron con la tradición materialista. Ludwig Feuerbach, con su libro *La esencia del cristianismo*, llevaría esas ideas materialistas al corazón mismo de la historia del cristianismo en 1841, dando paso a la Teología Liberal, que niega todo lo sobrenatural que hay en la Biblia.

¿Cómo podemos contraponer al materialismo que lo inunda todo con la espiritualidad cristiana?

La teología espiritual intenta que la teología, que se había alejado del objeto que pretendía estudiar, Dios, regrese de nuevo a una visión espiritual. Para ello se ayuda de la experiencia espiritual, ya que el mero conocimiento no puede acceder a la verdad de Dios.

¿Cómo podemos centrarnos en lo interior en un mundo material?

En nuestro mundo de apariencias en el que uno es juzgado por lo que tiene, Dios nos ve por lo que somos. Uno de los ejemplos más claros se encuentra en la parábola del rico y Lázaro. Recordémosla brevemente:

Había un hombre rico, que se vestía de púrpura y de lino fino, y hacía cada día banquete con esplendidez. Había también un mendigo llamado Lázaro, que estaba echado a la puerta de aquel, lleno de llagas, y ansiaba saciarse de las migajas que caían de la mesa del rico; y aun los perros venían y le lamían las llagas. Aconteció que murió el mendigo, y fue llevado por los ángeles al seno de Abraham; y murió también el rico, y fue sepultado. Y en el Hades alzó sus ojos, estando en tormentos, y vio de lejos a Abraham, y a Lázaro en su seno. Entonces él, dando voces, dijo: Padre Abraham, ten misericordia de mí, y envía a Lázaro para que moje la punta de su dedo en agua, y refresque mi lengua; porque estoy atormentado en esta llama. Pero Abraham le dijo: Hijo, acuérdate que recibiste tus bienes en tu vida, y Lázaro también males; pero ahora este es consolado aquí, y tú atormentado. Además de todo esto, una gran sima está puesta entre nosotros y vosotros, de manera que los que quisieren pasar de aquí a vosotros, no pueden, ni de allá pasar acá. Entonces le dijo: Te ruego, pues, padre, que le envíes a la casa de mi padre, porque tengo cinco hermanos, para que les testifique, a fin de que no vengan ellos también a este lugar de tormento. Y Abraham le dijo: A Moisés y a los profetas tienen; óiganlos. Él entonces dijo: No, padre Abraham; pero si alguno fuere a ellos de entre los muertos, se arrepentirán. Mas Abraham le dijo: Si no oyen a Moisés y a los profetas, tampoco se persuadirán aunque alguno se levantare de los muertos[1].

La advertencia de Jesús a las personas materialistas y autosuficientes de su época es demoledora. Una vez más cuestiona la idea judía de su tiempo, según la cual un hombre rico era alguien bendecido por Dios. Pero, sobre todo, nos habla de una justicia social que ocurrirá al final de los tiempos.

El rico había vivido con lujos y había despreciado a los pobres, pero un día él tendrá que pedir a los pobres que Dios redima que hablen a sus familiares, que sacien su sed.

Una de las razones que me hizo acercarme a Dios es su justicia. En un mundo de violencia y dolor, sufrimiento y desigualdad, la muerte es la gran igualadora, pero no sería suficiente. Sin la justicia divina la mayoría de los crímenes e injusticias quedarían sin ser resarcidas. Dios es en esencia justo.

En el libro de los Hechos de los Apóstoles se encuentra la mayor declaración de justicia: "porque Él ha establecido un día en el cual juzgará al mundo en justicia, por medio de un Hombre a quien ha designado, habiendo presentado pruebas a todos los hombres al resucitarle de entre los muertos"[2].

Esta promesa nos hace descansar a todos en aquel día de justicia, pero también nos advierte sobre el materialismo, y hacia donde estamos enfocando nuestras vidas.

¿Cómo podemos evitar medir a la gente por lo que tiene? A veces la discriminación es muy sutil, no solo discriminamos

[1] Lucas 16:19-31, RVR1960
[2] Hechos 17:31, LBLA

a la gente por su dinero, a veces también por su educación, clase social, ropa y otros elementos.

Recuerdo a mi padre, un obrero de la construcción que había creado su pequeña empresa como autónomo. Una vez discutió con un hermano suyo que presumía estar siempre con abogados y arquitectos. Mi padre, que era creyente, le comentó que él prefería estar con gente humilde antes que con gente pretenciosa.

La sencillez tiene que ser la seña de identidad de los creyentes. Es cierto que a veces vemos el efecto contrario: personas que desprecian a otros por ser más cultos o por tener títulos. En muchas iglesias se simplifica esta idea de la humildad y se ve a cualquiera que posea cosas como "poco espiritual", pero eso no es lo que estamos defendiendo en este libro. El efecto Mercedes, por el cual una persona con una marca de coche de alta gama es un materialista y una persona con un coche barato es espiritual, es demasiado reduccionista. La avaricia anida en todos los corazones, tanto en los de los ricos como en los de los pobres. Unos desean y codician lo que no tienen, mientras que otros se aferran a sus posesiones y a su posición.

Recuerdo un chiste que me contaron hace unos años sobre la Revolución en Cuba. Un día el dictador Castro se puso en pie delante de una multitud y comenzó a decir: "A partir de ahora todo el que tenga una casa se le expropiará y se repartirá entre los más pobres". La multitud gritaba enfervorecida al escuchar aquellas palabras. "Al que tenga tierras se le quintarán y se repartirán a los campesinos pobres". Todos aplaudían al unísono. "Cada coche será para todo el pueblo". La gente seguía entusiasmada, hasta que el comandante Castro comenzó a hablar de nuevo. "A todos los que tengan una bicicleta se les quitará para servicio de la comunidad". Esto no gustó a la multitud, ya nadie aplaudía, porque la mayoría de ellos tenían bicicletas.

El ser humano siempre quiere repartir lo que tienen los demás, pero cuando tocan lo suyo, las cosas cambian por completo.

¿Cómo debemos valorar las posesiones materiales? Jesús no tiene ningún problema con las riquezas, pero sí con la manera en que las percibimos y, sobre todo, la manera en que las usamos.

En un mundo de tan profundas desigualdades como era el suyo, y en el que el orden sacerdotal y religioso apoyaban al sistema, Jesús se muestra implacable. Lo primero que nos dice lo vemos en Lucas 16:13: "No podéis servir a Dios y a las riquezas"[3].

Aquí el Maestro pone a las riquezas como señoras de los hombres, como sus amas. Los cristianos estamos llamados a servir a Dios. No se puede servir a dos señores, y con las riquezas sucede como con cualquier otra cosa que ponemos delante de Dios: que se convierte en un ídolo.

Jesús también habla de la dificultad de salvación de los ricos, que al estar saciados de todo no buscan ni confían en Él, sino en sus propias riquezas: "¡Cuán difícilmente entrarán en el reino de Dios los que tienen riquezas"[4].

[3] Lucas 16:13, RVR1960
[4] Lucas 18:24, RVR1960

Las riquezas nos engañan y ahogan nuestro crecimiento espiritual, como nos muestra la parábola del Sembrador.

En muchos casos vemos cómo incluso algunas iglesias muestran su ostentación, tienen riquezas sin número y, aunque afirman que es para mayor gloria de Dios, Él no necesita templos hechos de manos humanas, ni oro ni plata, tal como comenta el libro de los Hechos:

> Porque pasando y mirando vuestros santuarios, hallé también un altar en el cual estaba esta inscripción: AL DIOS NO CONOCIDO. Al que vosotros adoráis, pues, sin conocerle, es a quien yo os anuncio. El Dios que hizo el mundo y todas las cosas que en él hay, siendo Señor del cielo y de la tierra, no habita en templos hechos por manos humanas, ni es honrado por manos de hombres, como si necesitase de algo; pues él es quien da a todos vida y aliento y todas las cosas[5].

Tampoco desea nuestro oro ni nuestra plata:

> Ni su plata ni su oro podrá librarlos en el día de la ira de Jehová, pues toda la tierra será consumida con el fuego de su celo; porque ciertamente destrucción apresurada hará de todos los habitantes de la tierra[6].

Entonces, ¿cómo nos ve Jesús?

Job, que experimento la pérdida de todos sus bienes materiales, incluso de sus propios hijos, se atrevió a decir: "Desnu-

[5] Hechos 17:23-25, RVR1960
[6] Sofonías 1:18, RVR1960

do salí del vientre de mi madre, y desnudo volveré allá. Jehová dio, y Jehová quitó; sea el nombre de Jehová bendito"[7].

Jesús no hace acepción de personas, predicó a Nicodemo, que era uno de los principales entre los judíos, pero también sanó a diez leprosos que constituían la parte más baja de la sociedad al ser despreciados por su enfermedad. Defendió lo que creía ante Pilatos y Herodes, pero también se paró con la mujer del flujo de sangre o la samaritana, ambas contaminadas según la ley mosaica, una por impura y otra por adúltera.

Uno de los momentos en los que Jesús mostró como había venido para romper todas esas divisiones de clase fue cuando la mujer vertió su perfume sobre sus pies y los enjugó con sus cabellos:

Uno de los fariseos rogó a Jesús que comiese con él. Y habiendo entrado en casa del fariseo, se sentó a la mesa. Entonces una mujer de la ciudad, que era pecadora, al saber que Jesús estaba a la mesa en casa del fariseo, trajo un frasco de alabastro con perfume; y estando detrás de él a sus pies, llorando, comenzó a regar con lágrimas sus pies, y los enjugaba con sus cabellos; y besaba sus pies, y los ungía con el perfume. Cuando vio esto el fariseo que le había convidado dijo para sí: Este, si fuera profeta, conocería quién y qué clase de mujer es la que le toca, que es pecadora[8].

Simón el fariseo no había sido considerado con Jesús, pues no aplicó las medidas mínimas de cortesía, pero una mujer prostituta le limpió los pies con sus lágrimas. Una mujer así

---

[7] Job 1:21, RVR1960
[8] Lucas 7:36-39, RVR1960

no podía tocar a ningún profeta ni hombre santo, pero Jesús miraba lo que había en el corazón.

Justo en aquel momento en el que todos juzgaban el comportamiento de Jesús, este les contó la parábola del acreedor que tenía dos deudores. Con aquella enseñanza, Jesús quería mostrar que ama más el que ha sido perdonado de sus muchos errores y pecados. María Magdalena, prostituta y seguramente señora de una casa de prostitución, lo dejó todo por seguir a Jesús; era de la parte más baja de la sociedad, pero Nicodemo, un hombre respetable, también siguió a Jesús. Ambos se convirtieron en ciudadanos del Reino de Dios, en el que ya no hay diferencias de sexo, clase o procedencia.

PUNTOS IMPORTANTES

1) Vivimos en un mundo materialista en el que *tanto tienes, tanto vales*.

2) El materialismo ha llegado a convertir a todos los hombres en objetos comerciales y meros animales, pero Dios no nos ve así.

3) Jesús dignifica a las personas no por lo que tienen si no porque se arrepienten de su vida y le buscan a él.

4) No nos llevaremos nada de este mundo.

5) Todos somos ciudadanos del reino de Dios, no importa lo que hayamos conseguido en este mundo.

18

Es mejor dar que recibir

En todo os he enseñado que, trabajando así, se debe ayudar a los necesitados, y recordar las palabras del Señor Jesús, que dijo: Más bienaventurado es dar que recibir.

Hechos 20:35, RVR1960

Deberíamos celebrar la salvación de Jesús como un banquete, reconocer que si no fuera por su gracia estaríamos completamente perdidos. Eso nos ayudaría a vivir agradecidos, a acercarnos a Él con reverencia, pero también confiadamente, y a dedicar nuestra vida a dar más que a recibir.

En un mundo profundamente egoísta, dar generosamente es un acto revolucionario.

Jonathan Edwards, en su sermón *Una luz divina y sobrenatural*, resalta la profunda diferencia que hay entre opinar sobre la gracia y santidad de Dios y sentirlo en el alma. También hay una gran diferencia entre considerar que la miel es dulce y probarla.

Hay una diferencia entre opinar que Dios es Santo y lleno de gracia, y sentir la placidez y belleza de esta santidad y gracia. Hay una diferencia entre considerar racionalmente que la miel es dulce y disfrutar su dulzura. Un hombre puede tener lo primero sin saber cuál es el gusto de la miel, pero no lo segundo, a menos que posea una idea en su mente de cómo sabe la miel[1].

Mi madre era el ser más generoso que he conocido y no lo digo por el inevitable vínculo que me unía a ella. Era una mujer amorosa y dispuesta a darse a los demás. Recuerdo cómo durante semanas buscaba el regalo perfecto para tu día de cumpleaños o Navidad. Disfrutaba tanto dando que nunca pedía nada para ella. Muchas veces la impaciencia le hacía darte el regalo antes de tiempo; no soportaba la espera.

En una presentación en el sur de España, una mujer se me acercó después de la charla y me comentó que no acostumbraba a regalarse nada, pero que como era el día del libro lo iba a hacer. Ya no se fabrican personas así. En un mundo egoísta, la mayoría de la gente se hace regalos constantemente.

¿Por qué nos cuesta más dar que recibir?

La arrogancia y la insolencia son la tarjeta de visita de muchas personas. Todo el mundo cree saberlo todo y merecerlo todo, pero no hay nada como disfrutar de las cosas por sí mismas. En la película *El indomable Will Hunting*, se produ-

[1] Edwards, Jonathan, *Una luz divina y sobrenatural, predicaciones*. https://teologiahistoricabiblica.weebly.com/sermones/una-luz-divina-y-sobrenatural-i-jonathan-edwards

ce la curiosa relación entre un profesor interpretado por Robin Williams y un limpiador con una mente brillante. El joven Hunting, que ha sido tan herido en su ego, únicamente puede devolver el cariño y preocupación que le ha mostrado su profesor con arrogancia y desprecio:

¿Sabes qué se me ocurrió? Que eres un crío, y que en realidad no tienes ni idea de lo que hablas. Es normal, nunca has salido de Boston. Si te pregunto algo sobre arte, me responderás con datos de todos los libros que se han escrito. Miguel Ángel, lo sabes todo: vida y obra, aspiraciones políticas, su amistad con el Papa, su orientación sexual... lo que haga falta, ¿no? Pero tú no puedes decirme cómo huele la Capilla Sixtina. Nunca has estado allí ni has contemplado ese hermoso techo. No lo has visto. Si te pregunto por las mujeres, supongo que me darás una lista de tus favoritas. Puede que hayas echado unos cuantos polvos... pero no puedes decirme qué se siente cuando te despiertas junto a una mujer y te invade la felicidad. Eres duro. Si te pregunto por la guerra, probablemente citarás algo de Shakespeare: 'De nuevo en la brecha amigos míos'. Pero no has estado en ninguna. Nunca has sostenido a tu mejor amigo entre tus brazos esperando ayuda mientras exhala su último suspiro. Si te pregunto por el amor, me citarás un soneto. Pero nunca has mirado a una mujer y te has sentido vulnerable. Ni te has visto reflejado en sus ojos. No has pensado que Dios ha puesto un ángel en la Tierra para ti, para que te rescate de los pozos del infierno, ni qué se siente al ser su ángel. Al darle tu amor, darlo para siempre. Y pasar por todo, por el cáncer. No sabes lo qué es dormir en un hospital durante dos meses, cogiendo su mano, porque los médicos vieron en tus ojos que el término horario de visitas no iba contigo. No sabes lo que significa perder a alguien. Porque solo lo sabrás cuando ames a alguien más que a ti mismo. Dudo que te hayas atrevido a amar de ese modo. Te miro y no veo a un hombre inteligente y confiado. Veo a un chaval creído y cagado de miedo. Eres un genio, Will, eso nadie lo niega. Nadie puede comprender lo que pasa en tu interior. En cambio, presumes de saberlo todo de mí porque viste un cuadro que pinté y rajaste mi puta vida de arriba a abajo. Eres huérfano, ¿verdad? ¿Crees que sé lo dura y penosa que ha sido tu vida, cómo te sientes, quién eres, porque he leído *Oliver Twist*?, ¿un libro basta para definirte? Personalmente, eso me importa una mierda porque, ¿sabes qué?, no puedo aprender nada de ti, ni leer nada de ti en un maldito libro. Pero si quieres hablar de ti, de quién eres… estaré fascinado. A eso me apunto. Pero no quieres hacerlo, tienes miedo, te aterroriza decir lo que sientes. Tú mueves, chaval[2].

La generosidad siempre comienza en el amor; no podemos dar si somos escasos. Algunos intentan comprar a los demás con regalos, experiencias o halagos. Lo triste es que muchos esperan recibir algo a cambio, tal vez afecto, puede que algo de simpatía y aprobación. Yo mismo lo hice durante mucho tiempo.

Durante mi etapa escolar me tocó acudir a un colegio público cerca de mi casa. Uno de los profesores, Don Manuel, se pasó los tres últimos años que estuve en aquella escuela haciendo comentarios despectivos sobre mí y otros alumnos.

[2] Diálogo de la película El indomable Will Hunting

Éramos los fracasados de la clase y, según él, estábamos destinados a no ser nada en la vida. Durante mucho tiempo sus palabras me persiguieron, buscaba la aprobación de la gente y hacía cualquier cosa para complacer a los demás. Unos años más tarde, un día que me dirigía a la universidad, me encontré con un antiguo compañero. Él estaba en la lista de los que, según mi profesor, iban a triunfar en la vida. Me saludó y me dijo que se sorprendía de verme allí. Después me puso el brazo sobre el hombro y comentó: "¡Qué injusto fue Don Manuel con ustedes al hacerlos sentir como unos fracasados!".

No debemos dar para recibir algo a cambio, ni siquiera para mejorar nuestra autoestima. Debemos dar desprendidamente. Por eso fracasan muchos matrimonios en la actualidad: se basa en el *quid pro quo*, tú me das y yo te doy. También observamos esto incluso en amigos y conocidos que, para darte su tiempo, atención o favores, esperan inmediata reciprocidad.

Dar con alegría ya es recibir el gozo de dar.

Jesús estaba en contra de esta transacción comercial que tampoco tiene que ver con la generosidad.

Y si prestáis a aquellos de quienes esperáis recibir, ¿qué mérito tenéis? Porque también los pecadores prestan a los pecadores, para recibir otro tanto. Amad, pues, a vuestros enemigos, y haced bien, y prestad, no esperando de ello nada; y será vuestro galardón grande, y seréis hijos del Altísimo; porque él es benigno para con los ingratos y malos[3].

3 Lucas 6:34-35, RVR1960

La enseñanza de Jesús es de nuevo radical: dar sin esperar nada a cambio. El secreto para hacerlo es el amor, un amor que únicamente puede provenir de Dios. Un amor que llega a ser generoso con nuestros enemigos. Un amor que no devuelve mal por mal.

Pablo lo expresa de una manera contundente en su epístola a los romanos:

> No paguéis a nadie mal por mal; procurad lo bueno delante de todos los hombres. Si es posible, en cuanto dependa de vosotros, estad en paz con todos los hombres. No os venguéis vosotros mismos, amados míos, sino dejad lugar a la ira de Dios; porque escrito está: Mía es la venganza, yo pagaré, dice el Señor[4].

Reconozco que me cuesta dar con tanta generosidad, no porque sea una persona rencorosa; simplemente no me gusta que me tomen por tonto. Creo saber quién merece mi ayuda y quién no la merece. ¿Acaso actúa así Dios con nosotros?

Dios da siempre generosamente, sin esperar nada a cambio. Hay muchas promesas hacia los que dan generosamente.

La primera promesa hacia la generosidad la encontramos en el evangelio de Lucas: "Dad, y se os dará; medida buena, apretada, remecida y rebosando darán en vuestro regazo; porque con la misma medida con que medís, os volverán a medir"[5].

Dios espera que seamos generosos. Nuestra generosidad se nos devolverá con creces, de la mano de nuestro Padre que está en los cielos.

[4] Romanos 12:17-19, RVR1960
[5] Lucas 6:38, RVR1960

La segunda promesa al dar sin esperar nada a cambio es también clara, si lo hacemos con alegría: "Cada uno dé como propuso en su corazón: no con tristeza, ni por necesidad, porque Dios ama al dador alegre"[6].

En un mundo como el nuestro dar con alegría es un acto de rebeldía sin precedentes. La gente cree que cuanto más tiene es más feliz. ¡Craso error!

Recuerdo la historia de León Tolstoi, *La camisa del hombre feliz*. Narra que un rey enfermó de gravedad y, por mucho que sus médicos se esforzaron, no hallaron ninguna cura para su mal. El rey, desesperado al ver que su enfermedad se acrecentaba, prometió la mitad de su reino a quien diera con la cura. Un trovador se presentó en la corte y le dijo que si encontraba un hombre feliz y se ponía su camisa sanaría en ese mismo instante. Los mensajeros reales recorrieron todas las tierras buscando a un hombre completamente feliz para pedirle su camisa, pero a pesar de su esfuerzo no encontraron a nadie. De pronto, uno de los siervos vio una pequeña y destartalada choza donde nadie había mirado. Allí encontró a un hombre completamente feliz, pero cuando le pidió su camisa se encontró con que no tenía ninguna. El rey, lleno de pena, falleció al ver que no tenía ninguna camisa aquel hombre.

El rey enfermo de la historia no comprendió que su problema no tenía que ver con ninguna camisa. Su enfermedad era la abundancia. No somos más felices por poseer más cosas, somos más felices cuando esas cosas no nos poseen a nosotros.

[6] 2 Corintios 9:7, RVR1960

Hay un refrán que resume muy bien cuál debe ser nuestra actitud en la vida: "No es más rico quien más tiene sino el que menos necesita".

La tercera cosa que debemos aprender sobre la generosidad, según Jesús, es lo que refirió en una de sus parábolas más increíbles:

> Al que te hiera en una mejilla, preséntale también la otra; y al que te quite la capa, ni aun la túnica le niegues. A cualquiera que te pida, dale; y al que tome lo que es tuyo, no pidas que te lo devuelva[7].

Esta forma de dar tan poco económica, en la que a aquel que toma algo tuyo hay que darle aún lo más valioso, nos habla de una vida de desprendimiento, en la que las cosas materiales ya no significan nada para nosotros y, por eso, somos capaces de compartirlas con todos.

La vida de San Francisco de Asís fue una de las más impactantes de su tiempo en ese sentido. Era un hombre que lo tenía todo, hijo de un comerciante rico y una mujer noble, uno de los seres más privilegiados de su Asís natal, pero lo dejó todo por amor a Cristo. Había partido para la batalla, pero regresó al sentir que debía volver a casa. Sus amigos pensaron que se había enamorado y él dijo que sí, de la más bella y rica doncella. Lo que ellos desconocían era que se refería a la pobreza. Al final renunció a todo lo que tenía. Su padre le recriminó su comportamiento y este dejó sus ropas para

7 Lucas 6:29-30, RVR1960

no poseer nada que perteneciese a su padre. A partir de ese momento, Francisco hizo una de las mayores obras de amor y ayuda a los más pobres.

Puede que Dios no nos esté llamado a dejarlo todo, pero, sin duda, sí nos llama a poner las cosas materiales en segundo plano y a saber ser generosos.

PUNTOS IMPORTANTES

1) Sabemos que es mejor dar que recibir, pero aun así nos cuesta mucho dar.

2) No está en nuestra naturaleza ser generosos. Tiene que ser una obra de Dios en nuestras vidas.

3) No es suficiente con dar. Es casi más importante la actitud con la que lo hacemos.

4) Dar con alegría ya es recibir el gozo de dar.

5) No dejar que las cosas nos posean es la mayor de las liberaciones.

PARTE 3

Vive simplemente para que otros simplemente vivan

19

Haz una lista con lo que tienes y ya no usas

Comienza haciendo lo que es necesario, después lo que es posible y de repente estarás haciendo lo imposible.

FRANCISCO DE ASÍS
Religioso de la Iglesia católica

Anthony Giddens es uno de los sociólogos ingleses más reconocidos de nuestro tiempo. Giddens expuso hace unos años dos de sus teorías más famosas, una sobre las estructuras y la otra sobre su visión holística de las sociedades modernas. La teoría de las estructuras plantea si son los individuos los que transforman a las sociedades o son estas las que moldean al individuo. Esta cuestión parecía haber sido resuelta en la Ilustración cuando se afirmaba que el ser humano es bueno por naturaleza y la sociedad lo corrompe, el conocido mito del buen salvaje. La idea de que el hombre es bueno por naturaleza contribuyó al desarrollo de otras ideas como el comunismo marxista y, más tarde, el fascismo. La Biblia nos asegura todo lo contrario. El hombre carga con el pecado y, aunque cuando es niño está libre de culpa, en cuanto tiene conciencia y distingue el bien del mal, se ve inclinado a practicar lo segundo.

Giddens cree que hay una tensión entre la influencia que ejerce el mundo sobre nosotros y la que nosotros podemos ejercer en el mundo. En el fondo, lo que nos dice el sociólogo es que hay una relación entre lo micro y lo macro, que nuestras pequeñas decisiones personales terminan por influir en el planeta.

Giddens apuesta por una tercera vía entre el capitalismo y el comunismo, pero lo más interesante es que cree que en la diversidad de formas de vida que tenemos los seres humanos:

> La identidad de una persona no se encuentra en el comportamiento ni, por importante que esto sea, en las reacciones de los demás, sino en la capacidad de mantener una narrativa particular. La biografía del individuo, si ha de mantener una interacción regular con los demás en el mundo cotidiano, no puede ser totalmente ficticia. Debe integrar continuamente los eventos que ocurren en el mundo externo y clasificarlos en la 'historia' en curso sobre el yo[1].

Esto nos habla de que nuestro comportamiento, nuestras acciones y hasta la falta de estas pueden cambiar el mundo. Mucha gente se excusa de su mal comportamiento aduciendo que todos hacen lo mismo, o que, si él no lo hiciese, otros

---

[1] Giddens, Anthony. *Modernidad e identidad propia: el yo y la sociedad en la edad moderna tardía.* Polity Press, 1991, pág. 54.

lo harían. Esa fue la excusa de la mayoría de los nazis, que seguían órdenes y creían que eso les eximía de culpa. Para ellos, sus vidas eran simples engranajes en la gran maquinaria de matar alemana. Adolf Eichmann fue uno de los ejemplos más claros de una vida gris al servicio del Tercer Reich. Adolf Eichmann fue el encargado de llevar a cabo la Solución Final. Tras ser capturado y juzgado por sus crímenes, se eximió de cualquier responsabilidad. Aquel funcionario gris y vulgar no parecía un asesino de masas, pero lo era.

Las personas mediocres se esconden en la multitud.

Las vidas más relevantes fueron las de personas como Johan van Hult, Raoul Wallemberg, Ángel Sanz Briz o André Trocme. Todos ellos tomaron conciencia de que no podían quedarse impasibles ante la barbarie de su tiempo y actuaron.

Este hombre sometido y que no puede hacer nada frente al sistema fue el modelo de la Unión Soviética y de otros muchos estados comunistas. Una población acosada y amedrentada por las diferentes oleadas de terror rojo al final tuvo que conformarse con sobrevivir. Las diferentes purgas de Lenin y Stalin, las limpiezas étnicas y la creación del Gulag como instrumento de tortura hizo que muchos renunciaran a cambiar las cosas; por eso el comunismo resistió setenta y dos años.

Ulrich Beck, el sociólogo alemán que acuñó la idea de "sociedad de riesgo" y "modernidad reflexiva", también nos impulsa a cambiar las cosas desde los pequeños actos individuales.

En la sociedad de riesgo, Beck defiende que estamos en una fase en la que sociedad tiende a escapar de las instituciones de control y protección de la era industrial. Por esto la gente no quiere afiliarse a sindicatos, pertenecer a iglesias, partidos políticos o cualquier tipo de institución que pueda controlarlo. Curiosamente, este hiperindividualismo no se traduce en comportamientos individualistas altruistas o mayor libertad, sino más bien en una sociedad de riesgo.

Ulrich ve los siguientes peligros:

1. El daño que causan los riesgos en la sociedad, que ya no piensa en el bien común, sino más bien en el lucro personal.
2. Este estilo de vida promueve mayores desigualdades.
3. Hay un gran vacío de poder que pretenden llenar los movimientos sociales.
4. Las antiguas fuentes de confianza como la política o la religión están en proceso de desencantamiento.
5. La nueva sociedad es cada vez más individualista.
6. Todo esto lleva a la incertidumbre, lo que produce la sociedad reflexiva, convirtiéndose la sociedad en un problema para sí misma.

Frente al mundo que nos pintan Ulrich Beck, Anthony Giddens y Niklas Luhmann, el cristianismo pretende mantener viva la idea de comunidad, cuerpo y pueblo.

Mientras que nuestra sociedad se divorcia más rápidamente de lo que se casa —con las consecuencias que eso tendrá en las familias a medio y largo plazo—, nosotros como cristianos tenemos que hacer cada vez más fuerte la unión matrimonial. Las personas se dejan llevar por esta época de incertidumbre y ven las parejas como productos, una vez que no se sienten satisfechos con el otro, simplemente lo cambian por otro mejor.

El consumismo es muy similar. En toda mi vida he tenido unos cinco coches, dos de ellos aún los conservo, pero ¿es sostenible e inteligente cambiar mucho de coche? Si no compramos coches nuevos el avance tecnológico se detiene, pero hay que cuestionar y poner en valor los principios de necesidad y oportunidad.

Hacer una lista con las cosas de las que podemos prescindir es mucho más que un acto de liberación materialista. Es también una forma de poner en orden nuestra mente y dejar espacio para nuevas cosas.

¿Por qué es importante deshacerse de cosas?

Vamos a darle una segunda vida a esas cosas materiales y la oportunidad a otras personas de usarlas. Dejemos de acumular cosas inútiles por el simple placer de acumularlas.

¿Cómo podemos confeccionar una lista así?

No es sencillo deshacer de las cosas, pero hay algunos consejos que pueden ayudarnos.

La primera cosa que podemos hacer es intentar hacer memoria de lo que tenemos. Normalmente no solemos recodar lo que no nos importa.

También está la prueba de la maleta. Consiste en pensar qué meteríamos en una maleta si tuviéramos que trasladarnos a otro país. Por desgracia, esto le sucede cada vez a más gente que tiene que dejar su vida por razones políticas o económicas: hay casi setenta millones de refugiados en el mundo.

Otros hacen la pregunta 7x7, y piensan durante siete días qué cosas no han usado en los últimos siete días y que probablemente no volverán a usar. Ya hemos comentado de evitar la frase de "por si acaso…".

Un último consejo es usar la tecnología que puede acumular muchos bienes en un pequeño espacio, bienes como la música, los libros o las películas.

¿Qué relación tenía Jesús con las posesiones materiales?

El evangelio de Lucas define muy bien la relación de Jesús con las cosas materiales:

> Yendo ellos, uno le dijo en el camino: Señor, te seguiré adondequiera que vayas. Y le dijo Jesús: Las zorras tienen guaridas, y las aves de los cielos nidos; mas el Hijo del Hombre no tiene dónde recostar la cabeza[2].

Jesús no tenía muchas posesiones materiales, como apuntamos en capítulos anteriores. Ante un hombre que quiso seguirle Jesús fue tajante: no podía conservar nada. Él no tenía ni donde reposar su cabeza. Pero ante la aparente frugalidad del Maestro vemos que recibían el apoyo de varias viudas que seguían a Jesús:

> Aconteció después, que Jesús iba por todas las ciudades y aldeas, predicando y anunciando el evangelio del reino de Dios, y los doce con él, y algunas mujeres que habían sido sanadas de espíritus malos y de enfermedades: María, que se llamaba Magdalena, de la que

[2] Lucas 9:57-58, RVR1960

habían salido siete demonios, Juana, mujer de Chuza intendente de Herodes, y Susana, y otras muchas que le servían de sus bienes[3].

Este dato es increíble. Estas mujeres, que tenían ciertos recursos, se ocupaban de alimentar y servir a Jesús y a sus discípulos. Esto nos habla de que él valoraba también este trabajo, pero su misión era predicar y no hacer dinero.

Por tanto, la austeridad de Jesús era mucho más que la denuncia de una sociedad profundamente desigual o el rechazo de las cosas materiales al estilo de Buda; era sobre todo un orden de prioridades.

El apóstol Pablo predicó el evangelio desde su conversión en el camino de Damasco, pero también ejerció su profesión de tejedor de tiendas. Su prioridad vital no era su trabajo, ya que él pretendía dedicarse a extender el reino de Dios.

Entonces, ¿qué hacemos con las cosas que nos sobran?

Además de donarlas a los que no tienen, venderlas por plataformas o regalarlas, sobre todo debemos enfocar nuestras vidas de nuevo a lo más importante.

¿Tenemos cosas que nos distraen de nuestro servicio a Dios?

Esas son las primeras que debemos desechar, pero no solo cosas materiales, también hábitos y comportamientos, aficiones y prácticas que nos distraen o nos alejan de Dios.

La lista puede ser larga. En ella podemos incluir objetos, hábitos e incluso relaciones nocivas. Recuerdo lo que me sucedió siendo adolescente. Un amigo de mi edad que era mi

---

[3] Lucas 8: 1-3, RVR1960

vecino, me esperaba todos los días a la hora que regresaba del colegio para que me quedase con él. Ramón, que era como se llamaba mi amigo, no tenía madre y su padre no le hacía caso, se había ido a vivir con su hermana y pasaba casi todo el día solo. Él se aferraba a mi amistad, pero por la relación yo descuidaba mis deberes del colegio y mis notas comenzaron a bajar. Al final tuve que tomar la decisión de pasar menos tiempo con mi amigo, aunque me costase decirle que no.

La lista de cosas que nos estorban puede ser muy grande y hoy puede ser un buen momento para comenzar. Una cosa a la vez. No es fácil dejar muchas cosas o situaciones de golpe, pero podemos afrontar el cambio quitando una cosa o dos a la semana.

No hablo de abandonar a las personas cuando estas nos aportan, pero hay amistades peligrosas y otras que simplemente debemos poner en un marco más racional y lógico.

PUNTOS IMPORTANTES

1) Nuestro comportamiento individual sí cuenta.
2) Debemos de dejar de excusarnos con lo que hacen o dejan de hacer los demás.
3) Las personas mediocres se esconden en la multitud.
4) Nuestra actitud debe ser de desprendimiento.
5) Es bueno pararse a pensar qué cosas, situaciones o personas no aportan nada a nuestra vida ni a nuestra vida cristiana en específico.

20

Un cuerpo y cuarenta pantalones

No hay espejo que mejor refleje la imagen del hombre que sus palabras.

JUAN LUIS VIVES
Humanista, filósofo y pedagogo

Las palabras de Jesús sobre la ropa nunca han sido tan aciantes como en la actualidad. En su conocido sermón del Monte, en el que Jesús pone las bases de lo que será su Reino, nos anima a que no nos afanemos por nada, en especial sobre dos elementos que siempre han centrado la preocupación de los seres humanos: la comida y el vestido.

> Por tanto, os digo: No os afanéis por vuestra vida, qué habéis de comer o qué habéis de beber; ni por vuestro cuerpo, qué habéis de vestir. ¿No es la vida más que el alimento, y el cuerpo más que el vestido?[1].

[1] Mateo 6:25, RVR1960

La pregunta de Jesús se ha convertido en rabiosamente actual. ¿Es el cuerpo más que el vestido? La respuesta que nos dan los valores del mundo en el que vivimos es que no.

Tras el paréntesis de la pandemia, que desplomó la venta de ropa a causa del confinamiento, hemos vuelto a niveles de consumo anteriores al 2020 e incluso los hemos superado.

La recuperación comenzó en el primer trimestre del 2021, cuando la venta de ropa creció un 19,3 % interanual y un 11,05 % con relación al mismo trimestre del 2019.

La compra de ropa en los Estados Unidos supone más del 3,04 % de todo el consumo privado. La mayor parte se centró en la ropa de mujer con un 45,93 % del total, seguida por la de hombre con un 26,52 %, y la infantil con un 4,59 %. El resto procede del calzado, con un 21,73 %.

Para muchos, el crecimiento económico en cualquier sector es una buena noticia, pero nos sorprendería lo poco que nos ponemos una prenda en promedio. Los datos varían de unos países a otros. En Europa la ropa tendría un uso aproximado de 95 veces, mientras que en China sería de 62 y en Estados Unidos de tan solo 34. El estudio lo realizó la Fundación Ellen MacArthur y concluyó que el uso de la ropa a nivel mundial ha bajado 36,3 % en todo el mundo. No es solo un fenómeno de Occidente.

En el año 2002, el índice de uso de la ropa por ciudadano en Europa era de unas 206,4 veces, pero quince años después, en el 2007, había bajado a tan solo 62 veces. Aunque los datos más preocupantes se encuentran en los Estados Unidos, donde ya se emplea el término "ropa basura". Allí se ha pasado de una media de 41 veces a poco más de 34.

¿A qué se debe esta compra compulsiva? ¿Puede que sea realmente a un crecimiento de la población? Al parecer no, ya que China apenas ha crecido en población un 0,5 % pero su consumo de ropa se ha incrementado entre un 60 % y un 70 %.

De este consumo irracional y compulsivo de la compra de ropa, se deriva otro problema. Se fabrican unos ciento cincuenta mil millones de prendas al año. De ellas, un 30 % nunca llega a venderse y se tienen que reciclar. En España, por ejemplo, se consumen más de 34 piezas de ropa nuevas al año por persona y se tiran unos 14 kilos de ropa.

Además del derroche en ropa no vendida, la energía que gastamos en producirla hace que aumente el precio de la luz y otras energías en los hogares, por no hablar de la contaminación y otros efectos colaterales. Pero si esto no se detiene, el volumen de ropa fabricada y desperdiciada seguirá aumentando.

Puede que todas estas cifras nos abrumen y nos hagan pensar que podemos hacer muy poco por cambiar la tendencia, pero no es cierto. Simplemente debemos reducir el consumo de prendas individualmente y esto terminará repercutiendo a nivel global. No hace falta que estrenemos cosas nuevas todos lo meses o, incluso, todas las semanas.

A la cantidad se suma la "calidad" o, mejor dicho, la obsesión del público con ciertas marcas de ropa.

¿Por qué esta obsesión con llevar marcas muy caras?

La moda tal y como la entendemos en la actualidad surgió en 1770. Una sombrerera de París, llamada Marie-Jeanne Bertin y más conocida como Rose Bertin, recibió el encargo de la emperatriz María Teresa para que vistiese a su hija María

Antonieta. La modista y sombrerera Bertin comenzó a hacer famosa al vestir a la reina de Francia y, desde aquel momento, las monarquías de toda Europa y la nobleza comenzaron a pedirle que les hiciera sus vestidos. Bertin fue nombrada ministra de la moda en Francia.

En el año 1846, el modisto francés Charles Worth aportó al exclusivo mundo de la moda francesa los vestidos presentados por modelos de carne y hueso.

Las marcas se encuentran en todos lados, no únicamente en la moda, pero es en esta, junto al perfume, donde alcanzan su máxima expresión.

¿Por qué necesitamos lucir marcas?

En el fondo hay varias razones. Por un lado, las marcas nos aportan glamour, exclusividad y éxito. Con ellas las élites económicas se alejan de las masas. Antiguamente, el tipo de tela y el hecho de poder vestir bien era suficiente para distinguir a las clases, pero ahora hay que añadir la marca y el precio excesivo que la pone al alcance de muy pocas personas.

Las marcas nos prometen, además, felicidad y pertenencia. La búsqueda del bienestar es una obsesión y muchos lo confunden con felicidad genuina, pero paradójicamente, el placer momentáneo de la compra desaparece y necesitamos repetir la experiencia una y otra vez. Nos hemos hecho adictos a las compras compulsivas; queremos experimentar otra vez el subidón que produce comprar algo nuevo.

La oniomanía o *shoppingmania* se está generalizando cada vez más. La compra compulsiva puede llegar a ser tan adictiva como el alcohol o el juego, pero socialmente es invisible.

¿Cómo podemos identificar que estamos llegando a este punto?

La adicción a las compras comienza a ser preocupante cuando se convierte en una necesidad en sí misma. La compra compulsiva no tiene nada que ver con adquirir bienes necesarios, ni siquiera con gastar por gastar, sino que se trata de una adicción que ya no podemos controlar. El poder hacer este tipo de consumo en línea facilita aún más este tipo de compra y se hace más difícil que el enfermo logre evitarla.

Muchas personas llegan a la compra compulsiva porque están luchando contra la ansiedad, el sentido de culpa o la falta de control. Este tipo de adicción termina provocando, a su vez, problemas de pareja, familiares, económicos, e incluso robos o una vida llena de mentiras… Y todo por el simple deseo de obtener más prendas.

¿Como podemos detectar si nos hemos hecho adictos a las compras?

Algunos de los síntomas son claros:
- Exceso de satisfacción al comprar.
- Sensación de culpabilidad.
- Bipolaridad.
- Ansiedad, vacío o depresión después de comprar.
- Frustración.
- Dificultad a la hora de socializar.

Además de los síntomas, las causas más frecuentes son:
- La baja autoestima. Esta provoca que muchos busquemos aceptación, y en este caso se intenta a través de los atuendos.

- La obsesión con la apariencia física es otro de los problemas de la sociedad actual.
- Personas a las que sus padres no han puesto límites y creen que lo merecen todo.
- Intento de cubrir carencias espirituales o afectivas con bienes materiales.

Algunas de las pautas que dan los expertos son:
- Ir a comprar con alguien que conozca tu problema.
- Hacer una lista de lo que quieres comprar y ajustarla a tu presupuesto.
- Observar si estás acumulando más productos iguales.
- No comprar cuando estés triste.

Esto no vale solo a la hora de comprar ropa, puede pasar casi con cualquier producto.

La sociedad de la apariencia y la opulencia produce este tipo de excesos que terminan en verdaderas enfermedades y adicciones, pero puede que ese no sea tu caso. Aun así, la compra compulsiva está haciendo que no logres ahorrar, que te cueste llegar a fin de mes o simplemente que sientas que estás contribuyendo a un sistema de derroche que no es compatible con tus valores cristianos.

La relación de los seres humanos con los placeres de este mundo siempre ha supuesto una mezcla de frustración y ansiedad. En la Antigua Roma, la obsesión con el color púrpura hacía que muchos nobles y plebeyos ansiaran vestir con este tipo de ropa.

La Biblia habla claramente de que la ropa nunca puede convertirse en el centro de nuestra vida, ya sea por la calidad como por la cantidad. El aposto Pedro comenta en su primera epístola:

> ¡Vuestro atavío no sea el externo de peinados ostentosos, de adornos de oro o de vestidos lujosos, sino el interno, el del corazón, en el incorruptible ornato de un espíritu afable y apacible, que es de grande estima delante de Dios[2].

La ostentación en nuestra forma de vestir denota orgullo y vanidad. Puede que no sea muy políticamente correcto decirlo en una sociedad y en una iglesia absolutamente permisivas, pero es la verdad. Pedro está haciendo un contraste entre las apariencias externas que pretenden llevar a la gente a la admiración, con los verdaderos adornos que Dios espera, como son el espíritu afable y apacible.

La apariencia nunca nos hará más importantes o sabios.

Pablo también advierte sobre las apariencias externas excesivas: "Asimismo, que las mujeres se atavíen de ropa decorosa, con pudor y modestia; no con peinado ostentoso, ni oro, ni perlas, ni vestidos costosos, sino con buenas obras, como corresponde a mujeres que profesan piedad"[3].

Hay más textos en este sentido, pero esto no está dirigido únicamente a las mujeres, también a los hombres. Dentro del judaísmo ortodoxo —algo similar sucede en el islam— se

[2] 1 Pedro 3:3-4, RVR1960
[3] 1 Timoteo 2:9-10, RVR1960

ha llevado hasta el extremo la supuesta austeridad que deben tener las mujeres. Sin embargo, los hombres no están exentos de este llamado de atención. Por poner solo un ejemplo, un "modesto" sombrero de un judío ultraortodoxo puede costar entre 900 euros y 5000 euros.

Pablo, que sabía tener abundancia y vivir en escasez, nos dio la clave en su epístola a Timoteo: "Porque nada hemos traído a este mundo, y sin duda nada podremos sacar. Así que, teniendo sustento y abrigo, estemos contentos con esto"[4].

El contentamiento es un estado de satisfacción que no tiene nada que ver con lo que posemos o lo que nos falta. Si estamos siempre mirando lo que tienen lo otros o lo que aún no hemos conseguido, viviremos siempre frustrados.

La carta a los Hebreos nos exhorta a que estemos contentos con lo que tenemos ahora[5], sabiendo que Dios es el que suple todas las cosas[6].

No olvidemos que las empresas quieren el dinero que con tanto esfuerzo ganamos. ¿Se lo vas a regalar sin más por unas promesas falsas de acenso social y reconocimiento?

Ya Hans Christian Andersen, uno de los mejores cuentistas de todos los tiempos, narró en su famosa historia *El traje nuevo del emperador*, cómo un rey obsesionado con la ropa escuchó a un modisto que podía fabricar la tela más suave del mundo, una tela que era invisible para cualquiera que fuera estúpido y no tuviera la delicadeza para apreciarla. El rey, pre-

---

[4] 1 Timoteo 6:7-8, RVR1960
[5] Ver Hebreos 13:5
[6] Ver Filipenses 4:19

suntuoso y exclusivista, mandó a dos consejeros para que examinaran la tela. Ninguno de los dos veía nada, pero temiendo la cólera de su señor, dijeron que era la tela más hermosa que habían visto jamás. Los estafadores pusieron las piezas imaginarias sobre aquel rey, que en su vanidad era incapaz de reconocer el engaño. El monarca salió desnudo a la calle sin que nadie se atreviera a señalarlo, hasta que un inocente niño, libre de aquellos convencionalismos sociales, gritó: "el rey está desnudo".

A veces en la iglesia se introduce esta obsesión con la apariencia y se discrimina a unos y a otros según su forma de vestir.

En esta sociedad parece que nadie se atreve a gritar que, en verdad, ¡está desnuda! Desnuda de verdadera profundidad, de autenticidad, completamente en cueros con respecto a los valores realmente valiosos como el amor, la honestidad o la empatía. En el mundo de la imagen superficial, puede que al principio parezca que jugamos con desventaja si no hacemos lo mismo que los demás, pero en el fondo, la gente busca a personas auténticas, que ponen por delante a los demás y que no se fijan en las apariencias. El apóstol Santiago lo advierte cuando critica que se haga distinción de personas por la forma de vestir[7].

---

[7] Ver Santiago 2:2.

PUNTOS IMPORTANTES

1) La ropa, como cualquier otro bien, puede convertirse en una obsesión.

2) La apariencia nunca nos hará más importantes o sabios.

3) La adicción a las compras es peligrosa.

4) Debemos buscar ayuda si hemos llegado al punto de la adicción.

5) Dios valora lo que hay en el interior de las personas. No te dejes llevar por las apariencias y los valores de la sociedad actual.

21

El orden rompe el caos

Altera el orden establecido y el mundo se volve-
rá un caos.

EL JOKER (*El caballero oscuro*)

Hay un orden natural en las cosas, ciertas leyes que han permitido a la naturaleza y al ser humano desarrollarse y que, cuando no se cumplen, terminan en el caos. Uno de los últimos mitos modernos es el Joker representado por Joaquin Phoenix. Este antihéroe representa, en cierto grado, el caos social en el que todos estamos inmersos. Algunos acusan al capitalismo como el culpable de la situación de confusión social actual. El realismo social nos enseña que el capitalismo tardío y el neoliberalismo individualista han cosificado todo hasta el punto de destruir la esencia misma del ser humano. Pero ¿esto comienza en el neocapitalismo o en las concepciones de materialismo histórico de Marx? ¿Qué cosifica más al ser humano: el convertirlo en un mero producto o el transformarlo en un animal sin trascendencia?

Ambos caminos llevan al mismo tipo de sociedad. Cuando yo estudiaba primaria, se consideraba que el ser humano era el rey del mundo animal y el ser más evolucionado y perfecto. Hoy en cambio es considerado como un animal más. Es curioso que, en cambio, los deseos de inmortalidad y eterna juventud estén más latentes que nunca. Ahora que ha desaparecido la trascendencia, el ser humano se ve preso de su vida en la Tierra y necesita desesperadamente perpetuarla. Para ello tiene que manipular la biología, especialmente el ADN, e intentar engañar al envejecimiento y al tiempo, que avanza inexorablemente.

El historiador judío Yuval Harari es el investigador que mejor ha puesto en palabras este discurso decadente de la sociedad moderna. Harari ha intentado responder a las tres preguntas que el ser humano se ha hecho desde el principio: ¿Quién soy? ¿De dónde vengo? ¿A dónde voy?

La cultura de Occidente ya había construido un relato coherente que explicaba la existencia del ser humano y su sentido, pero involucraba un sacrificio moral, ya que la existencia del bien y del mal, el castigo y el premio eterno implicaban una serie de procesos de culpa y pecado que el ser humano no estaba dispuesto a asumir. La única forma de liberar de este sentido de culpa era terminando con las ideas absolutas sobre las que se sustentaba.

Es curioso que el materialismo marxista, así como la Ilustración y otras formas de relato humano seguían sustentándose en las mismas bases de idealismo frente al materialismo e ideas absolutas. El postmodernismo hizo que, especialmente la generación de los años sesenta del siglo pasado, perdiera la fe en este tipo de relatos y, desde entonces, se intentase construir otro relato ajeno a las ideas de lo absoluto, en especial a la idea de Dios.

En contra de lo que podamos imaginar, el ser humano sigue necesitando una búsqueda espiritual que le ayude a entenderse, pero para ello no utiliza los caminos clásicos de la religión o la ideología política, que en muchos sentidos tanto se parecen. Escapando del dogmatismo, la humanidad cae en el peor de los dogmatismos.

En el libro *Sapiens*, vemos como Harari intenta relacionar el origen físico del mundo hasta la llegada del ser humano. Según el historiador hebreo, ha habido tres grandes revoluciones que han cambiado profundamente el curso de la humanidad. La primera sería la revolución cognitiva, cuando el ser humano comienza a pensar hace unos setenta mil años, la segunda sería la revolución agrícola de hace unos doce mil años y la revolución científica de hace apenas quinientos años.

Harari se une a la amalgama de detractores de la raza humana, al considerarnos una especie temible que ha exterminado a otras muchas: "Poseemos [nosotros, los herederos del sapiens] la dudosa distinción de ser la especie más mortífera en los anales de la biología"[1].

Al final, Harari, que cree en el ser humano como un simple animal evolucionado, sin mayor trascendencia moral ni ética, repite las filosofías del darwinismo social que llevaron al Holo-

---

[1] Harari, Yuval, *Sapiens: De animales a dioses*, Debate, 2014. Pág. 92.

causto y las ideas de razas superiores que adaptaron tanto los nazis como muchos antropólogos y científicos del siglo XX. Harari rompe la tradición talmúdica que daba al ser humano un valor tan infinito, que decía que cuando se salvaba a un hombre, se salvaba con él a toda la humanidad.

Harari no se queda ahí. Continua su alegato afirmando que la creación de la agricultura llevaría al hombre a un paso aún más terrible: la creación de un orden imaginario, que permitió la escritura, que formó una realidad ajena a nuestra herencia biológica. Harari explica que, frente al ser humano, hombre y mujer, se creó un mito de la feminidad y la masculinidad, y para sostenerlo pone como ejemplo la Francia de Luis XIV, donde los hombres llevaban tacones altos y un aspecto que hoy consideramos femenino. Por ello, según Harari, es normal que el ser humano elija qué quiere ser, al ser la masculinidad y la feminidad un constructo social. Estas ideas, tan en boga hoy en día, confunden precisamente su propio constructo social con el orden biológico de las cosas.

Curiosamente, para Harari, el peor de los "pecados de la humanidad" es la creación de la religión, ya que la considera el acto más alienante de las sociedades agrícolas. El historiador únicamente salva a una de las religiones, el budismo, seguramente por su filosofía líquida y modelable, tan cercana al pensamiento fluido y poco sólido en el que nos movemos en la actualidad.

La intuición de Gautama fue que, con independencia de lo que la mente experimenta, por lo general reacciona con deseos, y los deseos siempre implican insatisfacción (…), descubrió que había una manera de salir de este círculo vicioso. Si, cuando la mente experimenta algo placentero o desagradable, comprende simplemente que las cosas son como son, entonces no hay sufrimiento[2].

Para Harari, la historia, como el hombre, son productos del azar. Por ello, la religión es un estorbo, ya que intenta poner orden en este caos y dar una explicación racional del mundo.

La última revolución de la que habla Harari es la científica. La única "verdad absoluta" para él es el hecho científico y el método para llegar a él. Es curioso que en un cosmos gobernado por la casualidad y el caos, las leyes científicas se cumplan a rajatabla. No hay nada casual en la naturaleza. Todo tiene un origen y una función, menos el hombre y la vida, al parecer. Harari reconoce que al estar gobernados tan solo por las leyes de la física, el ser humano siente una gran insatisfacción.

El historiador israelí se pregunta si hay algo más peligroso que los dioses insatisfechos e irresponsables que no saben lo que quieren[3]. La respuesta a su pregunta es que sí lo hay: seres humanos sin parámetros morales ni éticos, enfermos de individualismo y hastiados de placer, precisamente el tipo de ser humano que, según Harari, ha llegado al nivel más alto de su evolución social.

Dios prohibió comer del Árbol de la Ciencia del Bien y del Mal en el Jardín del Edén; le dijo al ser humano que el día que comieran de su fruto morirían. Esa codicia del conoci-

---

[2] Harari, Yuval, Op. Cit., pág. 251
[3] Op. Cit., pág. 456

miento como mero poder es lo que ha traído al hombre hasta este punto.

Si *Sapiens* pretendía responder a las preguntas de quiénes somos y de dónde venimos, el libro *Homo Deus* intentaba responder a la pregunta de adónde vamos.

Según Harari, como simples animales que somos, los seres humanos no tenemos alma. Pero al parecer, aunque estamos en esta condición, necesitamos crear religiones para explicarnos. Hemos terminado con tres de los peores jinetes del apocalipsis, que son el hambre, la guerra y la peste, pero eso no nos ha convertido en seres superiores, seguimos buscando sentido a la existencia y no nos conformamos con la idea de que la muerte es el fin de todo.

El historiador no lamenta mucho la caída del humanismo, ya que a su parecer el hundimiento de los faraones y la muerte de Dios han sido beneficiosos para la humanidad[4]. Es curioso que Harari no haga referencia a que el marxismo, el fascismo y el nazismo —por no incluir los genocidios del colonialismo—, todos hijos del darwinismo social, han producido millones de muertes juntos, si unimos los muertos del Holocausto, que se estiman entre seis y quince millones, y todos los causados por las dos guerras mundiales: al menos dieciséis millones en la primera y unos setenta millones durante la segunda, aunque algunos los elevan hasta cien. Hay quienes hablan de unos cien millones de muertos causados por los diferentes regímenes comunistas de la historia, lo que se suma al daño

---

[4] Harari, Yuval, *Homo Deus*, Debate, 2016. Pág. 83.

causado por el colonialismo, como ocurrió, por ejemplo, bajo el mandato de Leopoldo II de Bélgica, que se cree ocasionó la muerte de entre diez y quince millones de personas.

Si en nombre del humanismo, que al menos tenía algunos parámetros morales, se hizo esto, ¿qué nos espera en un mundo amoral e individualista?

Según Harari estamos abocados a nuevas religiones controladas por la tecnología, lo que es lo mismo que vivir bajo la manipulación genética, el control mental y la falta de libertad humana.

Por último, el historiador judío habla de que el enemigo a derrotar lo conforman las personas religiosas que, según él, tienden a defender sus verdades absolutas por la fuerza, aunque reconoce que sin un profeta las locomotoras no saben a dónde ir, y que necesitamos ese sentido de trascendencia para no extinguirnos.

La conciencia, que es la última trinchera del ser humano será sustituida por los llamados *big data*. Desde la música a los virus, pasando por la pintura y la bolsa, son meros datos a analizar. Cuando las máquinas puedan analizarnos mejor que nosotros mismos, nos controlarán por completo.

Es curioso que Harari, como la mayoría de los pensadores actuales, cree que todo es relativo y que únicamente se puede aceptar lo cuantificable, en virtud de lo cual defiende el absoluto de que Dios no existe, ni el alma humana ni ninguna realidad sobrenatural. La dictadura del relativismo acampa a sus anchas y la respuesta de Jesús ante este vacío de pensamiento y relativismo moral nos enseña las grandes verdades.

Tal vez uno de los discursos más radicales de Jesús fue la definición que hizo de sí mismo: "Jesús le dijo: Yo soy el camino, y la verdad, y la vida; nadie viene al Padre, sino por mí"[5].

El Señor pronuncia estas palabras en un contexto muy concreto. Ha recordado a sus discípulos que tiene que partir, que morirá en una cruz y que además será traicionado por uno de ellos, mientras que otro lo negará. En el corazón de los discípulos, además de la preocupación por la suerte de su Maestro, debió también producirse cierto temor por la suya.

Jesús realiza un amplio discurso en el grupo reducido de los Doce. En él devela algunos secretos que hasta ese momento no había dado a conocer. La primera cosa que les aclara es que la vida en la tierra no lo es todo.

No se turbe vuestro corazón; creéis en Dios, creed también en mí. En la casa de mi Padre muchas moradas hay; si así no fuera, yo os lo hubiera dicho; voy, pues, a preparar lugar para vosotros. Y si me fuere y os preparare lugar, vendré otra vez, y os tomaré a mí mismo, para que donde yo estoy, vosotros también estéis. Y sabéis a dónde voy, y sabéis el camino[6].

Esta idea de la vida después de la muerte y la resurrección de los muertos no estaba arraigada en todo el judaísmo. Los saduceos no creían en la resurrección y la idea que había de esta era muy limitada. Jesús les hablaba de una esperanza tan-

---

5 Juan 14:6, RVR1960
6 Juan 14:1-4, RVR1960

gible que les liberaba del miedo a la muerte. Él promete que preparará casas para ellos.

Ante las dudas de Tomás es que Jesús hace la declaración de que Él es el camino, la verdad y la vida. Jesús es el camino, es el único que nos lleva a Dios. No una religión o una creencia, tampoco ideologías o convicciones, sino el Hijo de Dios que se ha manifestado en carne. Por tanto, la multitud de caminos en los que el hombre cree únicamente llevan a la perdición, que es la lejanía eterna de Dios.

Jesús es la verdad. La Verdad en un mundo de tanta confusión, en el que el hombre sigue otras "verdades". El mismo Poncio Pilato cuestionó la verdad cuando interrogó a Jesús, según narra el evangelio de Juan:

> Le dijo entonces Pilato: ¿Luego, eres tú rey? Respondió Jesús: Tú dices que yo soy rey. Yo para esto he nacido, y para esto he venido al mundo, para dar testimonio a la verdad. Todo aquel que es de la verdad, oye mi voz. Le dijo Pilato: ¿Qué es la verdad?[7].

Jesús era la Verdad porque era Dios. En el primer capítulo de Juan, el apóstol le define como la Palabra por la que todas las cosas fueron creadas.

Pilato representa al hombre moderno que no cree en la Verdad, que nunca ha creído, ya que cada sociedad y cada individuo intenta imponer su verdad en nombre de sus dioses. En eso tiene razón Harari, hasta el punto de que se comprende la

---

[7] Juan 18:37-38, RVR1960

frase de Chesterton que afirma que cuando el hombre no cree en Dios, es capaz de creer en cualquier cosa.

Pero Jesús también dijo que es la vida, el sentido mismo de esta. Por eso es Dios por medio de Jesús el que dicta todo lo que tiene que ver con la vida. Dios ha establecido que muramos una sola vez y que después venga el juicio divino a nuestra vida:

De otra manera le hubiera sido necesario padecer muchas veces desde el principio del mundo; pero ahora, en la consumación de los siglos, se presentó una vez para siempre por el sacrificio de sí mismo para quitar de en medio el pecado. Y de la manera que está establecido para los hombres que mueran una sola vez, y después de esto el juicio, así también Cristo fue ofrecido una sola vez para llevar los pecados de muchos; y aparecerá por segunda vez, sin relación con el pecado, para salvar a los que le esperan[8].

El hombre es mucho más que un mero animal. Dios nos dotó de alma, nos creó a su imagen y nos ha dado una dignidad que nadie nos puede robar. No importan los vaivenes de la sociedad, sus creencias confusas y alejadas de la Verdad. Jesús regresará, pero mientras tanto, debemos de poner las cosas en orden, para no sucumbir al caos de nuestro tiempo.

> Miremos las cosas con la perspectiva de la eternidad y perderán su poder sobre nosotros.

El sentido de trascendencia hace que la cosas pierdan poder sobre nuestras vidas, al igual que la perspectiva de la

8 Hebreos 9:26-28, RVR1960

gloria venidera nos anima a correr la carrera que aún nos queda por delante puestos los ojos en Jesús.

> Y si hijos, también herederos; herederos de Dios y coherederos con Cristo, si es que padecemos juntamente con él, para que juntamente con él seamos glorificados.
>
> Pues tengo por cierto que las aflicciones del tiempo presente no son comparables con la gloria venidera que en nosotros ha de manifestarse. Porque el anhelo ardiente de la creación es el aguardar la manifestación de los hijos de Dios[9].

El futuro es nuestro. Vivamos el presente con la paz y la tranquilidad de los que se consideran herederos de una herencia incorruptible.

> Bendito el Dios y Padre de nuestro Señor Jesucristo, que según su grande misericordia nos hizo renacer para una esperanza viva, por la resurrección de Jesucristo de los muertos, para una herencia incorruptible, incontaminada e inmarcesible, reservada en los cielos para vosotros, que sois guardados por el poder de Dios mediante la fe, para alcanzar la salvación que está preparada para ser manifestada en el tiempo postrero[10].

Mientras el mundo se empeña en invertir el orden de las cosas puestas por Dios, nosotros sabemos que todas sus ideas y formas son pasajeras, que los que confían en Dios sobrevivirán

[9] Romanos 8:17-19, RVR1960
[10] 1 Pedro 1:3-5, RVR1960

en este siglo malo, esperando con paciencia la plena manifestación de los hijos de Dios y el establecimiento de su Reino. Vivamos ya con los valores y principios del Reino de Dios, para que otros crean a Cristo y su venida se acelere.

PUNTOS IMPORTANTES

1) Este mundo intenta revertir las ideas del Dios por las suyas propias.
2) La sociedad actual animaliza a los seres humanos.
3) Tenemos que estar seguros de que Jesús es el único camino al Padre.
4) Jesús nos enseña a vivir en medio de la incertidumbre del mundo actual.
5) Miremos las cosas con la perspectiva de la eternidad y perderán su poder sobre nosotros.

22

Cómo no comprar de más

Solamente lo barato se compra con el dinero.

FACUNDO CABRAL
Cantante, compositor y poeta

A todos nos podría parecer que el consumo, la teología y la palabra de Dios no tienen mucho que ver. Cualquier intento de racionalizar el consumo siempre es tachado de "comunismo", tal vez por la influencia que tuvo en América durante el último cuarto del siglo pasado la llamada Teología de la Liberación. El cristianismo no es ni capitalista ni comunista, tampoco liberal o intervencionista. El Reino de Dios tiene poco que ver con el de este mundo y sus valores, pero sin duda sí tiene algo que decir sobre el mercado y cuáles son los deseos que deben regir el corazón humano. Permanecer callados ante el consumo extremo, el derroche o la destrucción del planeta sería tan pernicioso como no denunciar la prostitución, la pornografía o el abuso de menores, por poner tan solo tres casos graves. De hecho, estos tres últimos también tienen que ver con una manera perniciosa de ver el consumo, donde se cosifica todo, incluida la dignidad de las personas y su sexualidad.

San Agustín ya nos advirtió sobre lo difícil que era controlar nuestros apetitos y él lo sabía bien, pues había dedicado toda su juventud, como atractivo sofista y profesor de retórica, a no privarse de nada. Su maniqueísmo le permitía pecar con el cuerpo cuanto quisiese, mientras su alma se mantenía pura. Hoy vivimos una especie de nuevo maniqueísmo. Para muchos creyentes, la espiritualidad es totalmente ajena a su vida material. Pueden derrochar, consumir sin control, no pensar en el efecto que sus actos ejercen sobre el mundo y el domingo alabar a Dios con total calma.

Un estadounidense creyente le comentó una vez a un buen amigo cristiano y científico que lleva décadas intentando concienciar a la sociedad sobre los peligros del cambio climático, que prefería consumir todo lo posible y contaminar, porque así propiciaba el advenimiento de Jesús. Que nadie podía frenar el final de los tiempos y era mejor disfrutar del mundo sin pensar en la próxima generación. ¡Qué contraria es esta idea al mandato de Dios en Génesis!: "Tomó, pues, Jehová Dios al hombre, y lo puso en el huerto de Edén, para que lo labrara y lo guardase"[1].

San Francisco dijo una vez que necesitaba pocas cosas y que las que necesitaba, las necesitaba poco. No tenemos que ser santos para llegar a esta comprensión del consumo como un medio y no un fin en sí mismo.

[1] Génesis 2:15, RVR1960

El problema con el que nos encontramos es el siguiente: si queremos tener una vida sencilla al estilo de Jesús, tenemos que enfrentarnos a un mundo hostil que nos incita a cubrir nuestros deseos y caprichos, incluso los que se inventa la publicidad.

Cuando Dios creó el mundo lo declaró como "bueno" o perfecto; no necesitaba nada para ser mejorado.

Kenneth Himes explicó, en un estudio realizado en el 2007, los cuatro factores que explican la importancia del consumo. El primero es la creciente desigualdad en el mundo, donde los ricos se enriquecen y la clase media y los pobres se quedan igual o, incluso, pierden su poder adquisitivo. Segundo, la mercantilización de la vida humana: todos nos hemos convertido en mercancía, en especial los más pobres. Tercero, la globalización y los costes del consumismo.

El papa Francisco ha criticado en numerosas ocasiones al capitalismo despiadado y Rush Limbaugh, el presentador de un famoso programa radiofónico, comentó sobre esto:

El papa Francisco ataca el capitalismo sin restricciones como 'una nueva tiranía' y pide a los líderes mundiales que luchen contra la pobreza y la creciente desigualdad en un documento del martes en el que marca las orientaciones de su papado y llama a una renovación de la Iglesia católica...Es triste porque este Papa deja muy claro que no sabe de qué habla cuando aborda el tema del capitalismo y el socialismo[2].

---

[2] https://www.huffpost.com/entry/rush-limbaugh-pope-francis_n_4373635

El comunismo ha hecho un daño infinito a la humanidad y ha fracasado cada vez que se ha puesto a prueba, pero eso no significa que el capitalismo no deba tener algunas restricciones o regulaciones.

El teólogo argentino Néstor Míguez ha denunciado en numerosas ocasiones cómo el mismo Jesús se enfrentó a los mercaderes del Templo que abusaban en el cambio de sus monedas a las aceptadas por los sacerdotes. Las mesas de los cambistas demuestran hasta qué punto puede ser inmoral y cuanto menos poco ética la especulación. Lo vemos constantemente en los mercados actuales de bienes de consumo y alimenticios, donde se especula con el precio de estos productos a futuro y usándolos como un mercado más.

Joerg Rieger, el conocido teólogo alemán, ve de forma preocupante que el imperativo económico de la producción sea tener más beneficios y no satisfacer necesidades. No hay nada malo en ganar dinero y en hacer que por medio de los negocios las naciones prosperen, pero no a costa de empobrecer a una parte de la sociedad o de endeudar hasta el extremo a las familias.

La recesión del 2008, una crisis financiera e inmobiliaria, fue calificada como la "crisis de la avaricia", y no lo decían precisamente los cristianos. La eliminación décadas antes de todos los instrumentos de regulación permitió que se vendieran los llamados "bonos basura", préstamos que todo el mundo sabía que no se podrían pagar, porque se habían entregado a gente que no era solvente. Eso es un acto inmoral y, como se vio más tarde, delictivo.

Algunas de las relaciones más perversas sin duda ha sido la llamada "teología de la prosperidad", donde la mejora material y la riqueza se ha relacionado con el Evangelio. El teólogo Anthony Egan estudió la relación del Evangelio de la prosperidad y algunos casos de corrupción en Sudáfrica. Al final concluyó que la relación no era directa, pero que la vinculación de muchas iglesias con políticos corruptos es cuanto menos inmoral. Lo mismo sucede en países como Brasil o Colombia, donde algunas mega iglesias utilizan su influencia para "lucrarse con los negocios de este mundo".

La unión de parte de la jerarquía católica con el poder siempre ha sido motivo de escándalo, y aunque el mismo Jesús admitió que los pobres siempre iban a existir[3], sin duda estamos llamados como seguidores del Maestro a tener otro estilo de vida.

La Biblia habla muy claramente de las consecuencias de la codicia y la ambición desmedida. Uno de los momentos claves de la humanidad fue el intento de la construcción de la Torre de Babel. Aquellos hombres querían hacerse un nombre y ser recordados, y hoy también se levantan torres colosales por multimillonarios para hacerse un nombre.

Jesús elogió a aquellos que no eran opulentos, como la viuda que ofrendó de lo que no tenía, mientras los religiosos daban de lo que les sobraba[4]. El mayor peligro en el que podemos caer es convertir al dinero y al mercado en

La avaricia y los deseos incontrolados nos esclavizan.

---

[3] Ver Marcos 14:7
[4] Ver Lucas 20:45-47; 21:1-4

los nuevos dioses del siglo XXI. El centro comercial ha sustituido al templo como lugar de culto y adoración del dios del dinero, "Mammón". La palabra, de origen arameo, describía a un demonio llamado Mammón que intentaba inculcar en la gente el deseo de la avaricia. Esta palabra se utiliza en el Nuevo Testamento para definir a las riquezas, como en el texto de Mateo: "Nadie puede servir a dos señores, pues menospreciará a uno y amará al otro, o querrá mucho a uno y despreciará al otro. No se puede servir a la vez a Dios y a las riquezas"[5].

La riqueza puede convertirse en nuestra ama y señora, pero no podemos servirla a ella y a Dios. Son incompatibles. Porque se amará a uno y se despreciará a otro. Conocí a un pastor español que presumía de cobrar el diezmo del diezmo de su creciente congregación. Se había convertido en un hombre rico frente a una congregación muy pobre en promedio, pero él creía que eso demostraba la fidelidad de Dios. Sin embargo, solo demostraba que muchas iglesias funcionan como empresas piramidales, que cobran sueldos y donativos según el número de personas que pastorean. Para mí, que jamás he cobrado nada por servir a Dios, me parece más que escandaloso el pecado de Mammón.

Unos creyentes me preguntaron durante la gira promocional de uno de mis libros si era inmoral que su jefe tuviera un buen coche. Les contesté que no, pero que si tenía ese coche pagando sueldos bajos y descuidando a las personas que tenía

---

[5] Mateo 6:24-34, NVI

a su cargo, entonces sí era un acto inmoral. Para colmo, la empresa hacía un servicio cristiano.

El culto al dinero en nuestra sociedad es tan inmoral pero tan extendido que para muchos se ha convertido en algo común y ya no lo ven así. Cuando yo era pequeño, un misionero dejaba su coche a varias manzanas del local de la iglesia porque le daba vergüenza que viesen su coche de lujo. Sin duda, si para él era escandaloso, hubiera sido mejor que no lo hubiera comprado.

El teólogo e intelectual Stanley Hauerwas ha comentado en varias ocasiones que el capitalismo no tiene memoria, aunque quien realmente carece de ella es el ser humano.

Vivamos con perspectiva de eternidad, poniendo a los bienes materiales en su sitio, sabiendo que nada hemos traído y nada nos vamos a llevar de este mundo[6].

¿Cómo podemos saber cuándo estamos consumiendo en exceso?

Es difícil determinar cuánto es suficiente. Sin duda no es lo mismo vivir en una sociedad pobre y de subsistencia que en una rica. Tampoco es lo mismo tener muchos recursos que sobrevivir con un sueldo ajustado.

El escritor Napoleón Hill recomendaba que la única forma de controlar el consumo y no dejar que este se desboque es el ahorro, una palabra que parece casi tabú en nuestra sociedad. Es mejor ahorrar y después adquirir un bien antes que endeudarse para conseguirlo.

[6] Ver 1 Timoteo 6:7-10

No es bueno que gastemos hasta el último euro que tengamos. Si tenemos que privarnos de vacaciones, comodidades o una casa en propiedad para no vivir ahogado por las deudas, debemos hacerlo. El ahorro nos proporciona un pequeño colchón para superar los avatares de la vida.

Por tanto, la primera ley sería no gastar todo lo que ganamos: al menos guardar entre un 5% y un 10%.

La segunda ley, sin duda, es no comprar cosas que están fuera de nuestro alcance. Tampoco debemos hacer esto con nuestros hijos; no debemos vivir por encima de nuestras posibilidades pues, en el fondo, es malvivir.

La tercera ley del consumo es comparar antes de comprar. No perdamos dinero ni derrochemos. Dios nos llama a ser buenos administradores.

La cuarta ley es gastar lo menos posible en ocio caro o en comer fuera de casa. Hacerlo de forma esporádica está bien, pero no como una costumbre de cada semana. Tampoco es recomendable desayunar fuera de casa, tomar algo con los amigos cada semana o compromisos de este tipo que terminan con el sueldo e, incluso, con el ahorro.

La quinta y última ley es la más importante: no amar el dinero. Este es un medio y jamás un fin en sí mismo. Seamos desprendidos y generosos con otros, ayudando al que tiene necesidad, y Dios no nos desamparará.

PUNTOS IMPORTANTES

1) Derrochar es pecado y además nos empobrece.
2) La avaricia y los deseos incontrolados nos esclavizan.
3) No se pude servir a las riquezas y a Dios.
4) Si aplicamos las cinco leyes nos irá mejor en nuestras finanzas.
5) Ayudar a los demás en sus necesidades es un mandato de Dios.

23

Evitar la compra compulsiva

Comprar solamente lo necesario, no lo conveniente. Lo innecesario, aunque cueste un solo céntimo, es caro.

Séneca
Filósofo

Mi padre siempre usaba la expresión "ser un Séneca" para referirse a las personas sabias y juiciosas. Lucio Anneo Séneca fue un filósofo nacido en Córdoba, pero que terminó siendo consejero de Nerón, posiblemente uno de los emperadores más crueles de la historia de Roma. Se destacó por su prudencia, que le permitió sobrevivir a varios emperadores, mientras que otros consejeros y senadores romanos perdían la vida. No sé si la frase que preside este capítulo la dictó él, pero ha sido una de las máximas en mi vida.

Las "ofertas" y los "chollos" son de los mayores peligros para dejarnos llevar por las compras compulsivas. Las primeras porque muchas veces son sencilla y llanamente mentira. Decía una vecina que tenía de pequeño, que nadie da duros a pesetas. Lo que sería lo mismo que decir que nadie da dólares a pesos convertibles cubanos.

Los supermercados están diseñados para que consumamos más y más caro. Los productos baratos suelen estar en estantes bajos, mientras que los más caros a la vista; en las cabeceras las supuestas ofertas, que muchas veces son irrisorias. También tiene mucho peligro el "compra dos y llévate tres". ¿Necesitas esos productos? Si en el fondo no los necesitas, tendrás tres y no solo un producto inútil en tu casa.

En las líneas de caja hay otros productos que nos parecen atractivos como dulces, chuches y artículos de temporada, como la Navidad y otras festividades. La idea es que dejes tu dinero, y cuanto más dinero, mejor para la tienda. Pero, no lo olvides, el dinero es tuyo y todos lo quieren.

Deberíamos ir siempre al supermercado con una lista. Eso nos ayudará a no llevar cosas innecesarias. También son recomendables los supermercados de sistemas cerrados, sin demasiado productos que confunden, para que acudamos a productos conocidos y confiables.

Pero ¿qué es la compra compulsiva? ¿Compra compulsiva es lo mismo que adicción a las compras?

Sí y no. La compra compulsiva puede llevarnos a la adicción, pero sin duda, los adictos a las compras lo hacen de forma compulsiva.

Los tres elementos que nos pueden hacer sospechar que somos compradores compulsivos son:

1. Anticipación. La primera cosa que sucede en nuestro cerebro es que anticipamos la compra de un objeto que la tienda ha resaltado. Esto también sucede en la venta online. No olvides que ellos venden lo que quieren vender, no necesariamente lo que tú quieres comprar.
2. Preparación. Los consumidores investigan u observan lo que van a comprar y toman una decisión, normalmente no muy meditada.
3. Compra. La persona experimenta una gran gratificación. El momento de tomar el objeto, entregar el objeto, pagar con la tarjeta o el efectivo y la devolución del objeto que ya es tuyo.
4. Gasto. Después de la compra del producto la persona siente triste, ya sea por ver que se ha terminado la experiencia de compra o por el excesivo gasto que ha realizado.

Una de las formas de saber si realmente tenemos un problema con las compras compulsivas es si respondes de forma afirmativa a estas preguntas:

1. Si me sobra dinero de mi sueldo tengo que gastarlo.
2. Pienso que otras personas me juzgarían mal si supieran lo que gasto.
3. Siento ansiedad los días en que no voy a comprar.
4. Compro cosas que no puedo pagar.
5. Me he endeudado comprando cosas simplemente para sentirme satisfecho.
6. A pesar de tener mis tarjetas con varios pagos pendientes sigo comprando sin parar.

La historia de Anna Sorokin, conocida en Estados Unidos como Anna Delvey y que se hizo pasar por una rica heredera alemana para estafar a varios bancos, hoteles y empresas, es muy paradigmática. Hace muy poco tiempo la vida de Anna Sorokin fue llevada a la pequeña pantalla por Julia Garner. En la serie se ve el rápido ascenso y caída de esta joven estafadora. Hija de inmigrantes rusos en Alemania, no se adaptó a su nuevo entorno y se obsesionó con la vida de glamur que veía en las revistas de moda. Después de vivir en varios países, se instaló en Nueva York, una sede de la opulencia y la extravagancia, igual que Los Ángeles. Allí logró engañar a varios famosos y millonarios, patentando un supuesto club exclusivo que llevaría su nombre. Mientras tanto derrochó cientos de miles de dólares que no tenía en una vida de lujo y glamur. Su caso nos muestra, sin duda, el de una estafadora, pero también el de una joven pobre que quiso imitar la vida de derroche de los artistas, las supermodelos y los millonarios. Ese es otro de los problemas de este tiempo. La sobreexposición a la vida de esos famosos que vemos en las redes sociales, vidas que en muchos casos son pura mentira, en cierta manera nos presiona a imitarles.

La compra compulsiva hoy en día es mucho más que entrar a un supermercado y salir con dos paquetes de chicles caros o con una bolsa de chucherías para nuestro hijo. Es, sobre todo, querer imitar a ese tipo de "modelos sociales" en todos los aspectos.

Los viajes se han convertido en mucho más que una experiencia, en más que una forma de ampliar nuestra cultura o más que un momento de expansión. En la actualidad simbolizan estatus. Si no puedes recorrer todas las ciudades de Europa y alojarte en los mejores hoteles, eres un mediocre.

Los viajes compulsivos ya han sido catalogados como enfermedad. Es la llamada dromomanía. Muchos llaman a los viajes la fuente de la eterna riqueza, ya que, para muchos, el acumular recuerdos les hace sentir muy felices. Viajar no está mal visto y no se considera a los viajantes frecuentes derrochadores, pero sí pueden llegar a serlo en el fondo. En la actualidad, se defiende que una de las formas de buscar la felicidad es a través de la acumulación de recuerdos.

En una época en la que parece que nada es perdurable, ¿qué mejor que un recuerdo para acumular experiencias y sabiduría? Los casos de esta filosofía abundan, como los de Lena, una joven de origen ruso que dejó su trabajo en una multinacional para recorrer el mundo. Recorrió más de diez países en Asia y América, pero cuando logró encontrar la supuesta felicidad regresó de nuevo a su puesto. Lena utilizó únicamente unos nueve dólares al día. De hecho, esto se ha convertido en una moda, por la que muchos norteamericanos y europeos, como modernos *hippies*, recorren el mundo mendigando, a costa de la buena voluntad de la gente que se encuentran. Son los nuevos buscadores de experiencias, adictos al movimiento.

Los dromómanos padecen la necesidad convulsiva de trasladarse constantemente de un sitio a otro. En el fondo, lo que buscan es el aumento de la dopamina, la llamada droga de la felicidad, que produce las nuevas experiencias al igual que las compras. Ahora, son miles o cientos de miles los que vagan por el mundo intentando darse la próxima dosis de dopamina viajera.

¿Es sana esta búsqueda de felicidad?

Sin duda lo es, ya que la felicidad no debería hacernos esclavos de nada, más bien nos tendría que liberar. Además, la búsqueda de la felicidad no debería ser un fin, sino el resultado de una vida sana en todos los sentidos.

La oniomanía, que es como se denomina la adicción a las compras y las compras compulsivas, aunque sea de viajes, nos hace perder el control de nuestras vidas, afecta nuestras relaciones y, a la larga, nos vacían por dentro. Se cree que al menos entre un 3 % y un 7 % de las personas son adictas a las compras, y un índice aún mayor ha tenido etapas de compras compulsivas. En el fondo, todo esto denota una gran falta de amor propio y una mala gestión de la ansiedad.

Es curioso que, en un mundo de egocentrismo y egolatría, el amor propio escasee tanto.

Amarse así mismo es un mandato de Dios. No podemos amar al prójimo si no nos amamos primero a nosotros mismos. En la respuesta magistral del gran mandamiento Jesús lo resume así:

Maestro, ¿cuál es el gran mandamiento en la ley? Jesús le dijo: Amarás al Señor tu Dios con todo tu corazón, y con toda tu alma, y con toda tu mente. Este es el primero y grande mandamiento. Y el segundo es semejante: Amarás a tu prójimo como a ti mismo. De estos dos mandamientos depende toda la ley y los profetas[1].

[1] Mateo 22:36-40, RVR1960

Es curioso que Dios une los tres amores. No podemos amar a Dios sobre todas las cosas si no amamos al prójimo, y no podemos amar al prójimo si no nos amamos a nosotros mismos, porque somos la medida de ese amor. Por eso el amor propio es imposible si no amamos a Dios primero.

El egoísmo es justo lo contario. Es el exceso de amor a uno mismo, que termina alejándote de los demás y de Dios. La compra compulsiva es un acto o, al menos, un intento de subir nuestro amor propio de forma artificial.

Debemos aprender a amarnos, lo que implica aceptarnos, en primer lugar físicamente, con nuestros supuestos defectos; después emocionalmente y, por último, amar nuestro carácter. Hay demasiada gente que no se gusta a sí misma, aunque intente aparentar lo contrario. De ahí la búsqueda constante de recompensas y de placeres artificiales como la compra compulsiva.

Amar al prójimo es la forma de alcanzar el verdadero amor propio.

Dios nos conoce desde antes de nacer:

> Vino, pues, palabra de Jehová a mí, diciendo: Antes que te formase en el vientre te conocí, y antes que nacieses te santifiqué, te di por profeta a las naciones. Y yo dije: ¡Ah! ¡Ah, Señor Jehová! He aquí, no sé hablar, porque soy niño[2].

Dios nos conocía desde antes de nacer, nos creó con un propósito y nuestra vida tiene sentido. No hay que llenarla

---

[2] Jeremías 1:4-6, RVR1960

con experiencias ni con objetos. Dios siempre está con nosotros, no nos abandona:

> Pues aún no está la palabra en mi lengua,
> Y he aquí, oh Jehová, tú la sabes toda.
> Detrás y delante me rodeaste,
> Y sobre mí pusiste tu mano.
> Tal conocimiento es demasiado maravilloso para mí;
> Alto es, no lo puedo comprender.
> ¿A dónde me iré de tu Espíritu?
> ¿Y a dónde huiré de tu presencia?
> Si subiere a los cielos, allí estás tú;
> Y si en el Seol hiciere mi estrado, he aquí, allí tú estás.
> Si tomare las alas del alba
> Y habitare en el extremo del mar,
> Aun allí me guiará tu mano,
> Y me asirá tu diestra[3].

Jesús nos llamó sus amigos y compartió con nosotros su vida y su muerte: "Ya no os llamaré siervos, porque el siervo no sabe lo que hace su señor; pero os he llamado amigos, porque todas las cosas que oí de mi Padre, os las he dado a conocer"[4].

La dopamina de nuestra vida debería ser presentarnos ante su presencia, alabarlo y sentirnos agradecidos por existir. Hay un gran placer en compartir nuestra vida con los demás y ayudar a otros. Mientras que el individualismo nos lleva al con-

---

[3] Salmos 139:4-10, RVR1960
[4] Juan 15:15, RVR1960

sumismo y este a la soledad —aunque estemos rodeados de mucha gente—, Jesús nos llama a cuidarnos los unos a los otros.

Las compras compulsivas pierden poder cuando amamos a Dios sobre todas las cosas y al prójimo como a nosotros mismos.

PUNTOS IMPORTANTES

1) No seamos adictos a la dopamina.
2) No se puede encontrar la felicidad en las cosas.
3) Dios nos conoce desde antes que naciésemos y nuestra vida tiene sentido.
4) Amar al prójimo es la forma de alcanzar el verdadero amor propio.
5) Todo es bueno, pero no me dejaré atrapar por nada.

24

No compres para sentirte mejor

Madre, yo al oro me humillo,
él es mi amante y mi amado,
pues de puro enamorado
de continuo anda amarillo.
Que pues doblón o sencillo
hace todo cuanto quiero,
poderoso caballero
es don Dinero.

FRANCISCO DE QUEVEDO
Escritor español

El dinero parece el gran regidor de la vida, pero no lo es. Ni siquiera es parte fundamental de lo que somos. Siempre se le ha dado más importancia de la que tiene. El dinero vendrá si ponemos las cosas en orden, pero si no lo hacemos será como si llevásemos agujeros en los bolsillos. No importa lo que metamos dentro, saldrá en cuanto lo introduzcamos.

Usamos el dinero para comprar a las personas, para sentir admiración e incluso para satisfacer nuestra insaciable infelicidad.

Mi padre frecuentaba mucho los bares cuando era joven, antes de convertirse. Él, que había sido un niño huérfano de madre, siempre estuvo buscando el amor y la aprobación. Su padre nunca se mostró muy amoroso con él y ni si quiera era el hijo preferido. Ya casado y con hijos, seguía buscando la aprobación y la amistad. Solía invitar a sus amigotes de bar muchas veces y gastar el dinero que no tenía, hasta que mi madre, que se desesperaba ante aquella situación, encontró una nota en el bolsillo de su chaqueta cuando la iba a echar a limpiar. La nota decía: "Antonio, contamos contigo".

Esta burla quería decir que todos aquellos borrachos contaban con el dinero de mi padre para beber gratis. Cuando mi madre leyó aquel papel a mi padre, este dejó de invitar a los amigotes y la economía de la casa mejoró notablemente.

Mi padre nunca fue un comprador compulsivo. El mundo del consumismo no se había hecho para él, pero a mi madre sí le gustaba comprar. Su poder adquisitivo era muy pequeño, pero le gustaba ir a tiendas de chinos para comprar alguna oferta, aunque lo que realmente le gustaba era hacer regalos. En muchos casos ahorraba durante semanas o meses para reunir el dinero necesario. Siempre que tenía que hacerse con una nueva colcha, cortinas o muebles nuevos, los reservaba en la tienda y cada semana llevaba una pequeña cantidad hasta que terminaba el pago y el producto llegaba a

> **Antes de comprar algo reflexionemos si lo necesitamos realmente.**

casa. El proceso de compra de mi madre casi ha desaparecido, al menos en el mundo occidental, aunque estoy seguro de que pervive en muchas comunidades de Hispanoamérica, África y Asia. ¿Qué producía ese proceso tan lento de adquirir cosas?

Al menos dos resultados: la primera cosa que producía el proceso lento de pago que resultaba en semanas e incluso meses de esfuerzo, era el aprecio por lo que se conseguía. Era tan costoso y difícil adquirirlo que el valor emocional que tenía era aún mayor. Nada mejor para valorar las cosas que tenemos que el que nos haya costado mucho esfuerzo conseguirlas. En la actualidad todo es inmediato, pero al mismo tiempo es pasajero. Mi madre fantaseaba durante meses con ese objeto soñado, ya fuera para la casa o para regalar. La ilusión de alcanzar la meta era indescriptible, pero también todo el proceso hasta llegar a ese punto.

La segunda cosa que producía este proceso era el desarrollo de la paciencia. La prontitud de las cosas nos roba la paz, nos impide que desarrollemos algunas virtudes importantes que nos van a acompañar a lo largo de la vida. Una de ellas es, sin duda, la paciencia, que se transformará en resiliencia, constancia, perseverancia y la formación de un carácter fuerte.

Parece una contradicción lo que estoy contando con la satisfacción que mi madre sentía al comprar, pero no es así. No está mal que sintamos satisfacción, alegría, euforia o dicha al conseguir algo material y tangible. El verdadero problema es cuando el objeto o su utilidad dejan de ser importantes, cuando buscas placer en la obtención de cosas y conviertes ese placer en una cárcel.

La vida es hermosa en sí misma. A pesar de que tengamos muchos problemas y dificultades, siempre encuentra el camino que nos conduce a la felicidad. Ese camino es abrupto, serpenteante, confuso y, en ocasiones, peligroso, pero nos conduce hacia la eternidad. Hay otro más ancho, por el que muchos transitan, pero su final es la muerte.

El clásico *El progreso del peregrino*, escrito por el pastor John Bunyan, nos habla del largo y a menudo complejo camino de los cristianos por la vida. De forma simbólica, Bunyan nos narra cómo un cristiano abandona la Ciudad de la Destrucción e intenta persuadir a su familia para que lo acompañe, pero ellos le consideran un loco y deciden quedarse. El peregrino emprende su camino cuando un hombre llamado Evangelista le aconseja que marche a la Ciudad Celestial. Durante el recorrido, encuentra a muchos que le confunden, como los pantanos del desaliento, pero al final es conducido por el Intérprete hacia el buen camino. Buyan tuvo que soportar la prisión por sus opiniones contrarias a la sociedad de su época. Tuvo que nadar a contracorriente.

Los salmones deben subir rio arriba, a contracorriente, a depositar los huevos para la próxima generación. Los cristianos no somos muy diferentes. Estamos llamados a vivir a contracorriente, saltando los obstáculos, luchando hasta llegar al lugar en el que podamos dejar depositada la herencia para la próxima generación.

Como padres —si eres padre—, no podemos decir a nuestros hijos que lo más importante para nuestra vida es la fe si ellos nos ven obsesionados con el ascenso social, el dinero y disfrute inmediato. Si utilizamos las compras para consolarnos de nuestras frustraciones, nuestros hijos nos imitarán también en esto.

El contentamiento es una palabra que casi ha desaparecido de nuestro vocabulario, pero contentamiento no significa conformismo. De hecho, no hay nada menos conformista que ir a contracorriente. Contentamiento quiere decir estar feliz con lo que tenemos, sea mucho o poco.

También podemos no consumir porque no tenemos recursos y criticar a los que sí lo hacen, a fin de sentirnos superiores a ellos moralmente, aunque en el fondo, desearíamos tener su vida y sus oportunidades. La avaricia, el ansia por poseer cosas, no solo invade el corazón del que compra para sentirse mejor; también lo hace en el corazón del que lo ambiciona y no logra conseguirlo.

Al final todo tiene que ver con el deseo.

Jesús lo explicó magistralmente cuando dijo: "haceos tesoros en el cielo, donde ni la polilla ni el orín corrompen, y donde ladrones no minan ni hurtan. Porque donde esté vuestro tesoro, allí estará también vuestro corazón"[1].

¿Dónde está nuestro tesoro? Esta es la pregunta clave. ¿Vivimos para amar, lo hacemos para Dios o para conseguir cosas o prestigio social?

Un buen barómetro es pararnos a reflexionar en qué estamos invirtiendo nuestro tiempo, porque donde invirtamos nuestro tiempo estaremos, al fin y al cabo, invirtiendo nuestra vida. Ese es nuestro tesoro; da igual lo que le digamos al mundo.

---

[1] Mateo 6:20-22, RVR1960

Los cristianos muchas veces están estresados porque deben compaginar su vida religiosa y secular. ¿No sería más fácil ser cristianos todos los días? A veces pensamos que las cosas cristianas tienen que ver con lo que hacemos en la Iglesia y para la Iglesia, pero Dios quiere toda nuestra vida.

¿Por qué acudimos al consumismo u otras cosas para aliviar nuestro estrés? Porque no queremos reconocer que tenemos un problema y que nuestro estilo de vida no le agrada a Dios. Nos justificaremos mil veces, pero al final el resultado siempre será el mismo.

Mi padre no dio su diezmo a la iglesia hasta casi quince años después de asistir a ella. Mi madre lo daba de la asignación semanal para la comida. Hasta mucho después de su conversión, casi en la última etapa de su vida laboral, no se decidió a actuar con total honradez. Curiosamente, fue la época más próspera de su vida.

La cuestión acuciante es ¿en quién confiamos? En la Biblia se nos narra cómo muchos patriarcas, profetas y reyes tuvieron problemas con el dinero. Desde Aarón, que cediendo ante el pueblo construyó un becerro de oro para que Israel lo adorase, pasando por el sabio Salomón, cuyo corazón se perdió por sus muchas riquezas.

Nadie reflejó tan bien como Salomón el hastío que produce la riqueza cuando no hay en ella contentamiento.

Hay un mal que he visto debajo del cielo, y muy común entre los hombres: El del hombre a quien Dios da riquezas y bienes y honra, y nada le falta de todo lo que su alma desea; pero Dios no le da facultad de disfrutar de ello, sino que lo disfrutan los extraños. Esto es vanidad, y mal doloroso. Aunque el hombre engendrare cien hijos, y viviere muchos años, y los días de su edad fueren numerosos; si su alma no se sació del bien, y también careció de sepultura, yo digo que un abortivo es mejor que él. Porque este en vano viene, y a las tinieblas va, y con tinieblas su nombre es cubierto. Además, no ha visto el sol, ni lo ha conocido; más reposo tiene este que aquel. Porque si aquel viviere mil años dos veces, sin gustar del bien, ¿no van todos al mismo lugar?

Todo el trabajo del hombre es para su boca, y con todo eso su deseo no se sacia. Porque ¿qué más tiene el sabio que el necio? ¿Qué más tiene el pobre que supo caminar entre los vivos? Más vale vista de ojos que deseo que pasa. Y también esto es vanidad y aflicción de espíritu.

Respecto de lo que es, ya ha mucho que tiene nombre, y se sabe que es hombre y que no puede contender con Aquel que es más poderoso que él. Ciertamente las muchas palabras multiplican la vanidad. ¿Qué más tiene el hombre? Porque ¿quién sabe cuál es el bien del hombre en la vida, todos los días de la vida de su vanidad, los cuales él pasa como sombra? Porque ¿quién enseñará al hombre qué será después de él debajo del sol?[2].

El hombre más rico del mundo pronunció estas palabras. ¿Por qué no debemos utilizar las compras como una forma de satisfacer nuestras vidas o para sentirnos mejor?

[2] Eclesiastés 6, RVR1960

En primer lugar, porque las cosas no satisfacen. Vamos a entrar en una espiral destructiva que nos hará aún más infelices y terminará con nosotros en la bancarrota económica y moral.

En segundo lugar, porque el fin del hombre no está en los bienes que posee, tal como nos dice Jesús en la parábola del hombre que había prosperado mucho[3].

En tercer lugar, porque el egoísmo nos aleja de los demás.

En cuarto lugar, si lo hacemos para presumir ante los demás o sentirnos superiores, esto nos producirá además vanidad y soberbia.

Cada vez que vayamos a comprar algo deberíamos hacernos las siguientes preguntas:

1. ¿Necesito realmente esto? Si es ropa, la que tengo está bien. ¿Sigo simplemente los dictados de la moda? ¿Me importa más la imagen que doy que la gente?

2. ¿Tengo el dinero para pagarlo? ¿Lo que voy a comprar me endeuda, me hace pasar estrecheces, impide que cumpla otras obligaciones?

---

[3] "Y les dijo: Mirad, y guardaos de toda avaricia; porque la vida del hombre no consiste en la abundancia de los bienes que posee. También les refirió una parábola, diciendo: La heredad de un hombre rico había producido mucho. Y él pensaba dentro de sí, diciendo: ¿Qué haré, porque no tengo dónde guardar mis frutos? Y dijo: Esto haré: derribaré mis graneros, y los edificaré mayores, y allí guardaré todos mis frutos y mis bienes; y diré a mi alma: Alma, muchos bienes tienes guardados para muchos años; repósate, come, bebe, regocíjate. Pero Dios le dijo: Necio, esta noche vienen a pedirte tu alma; y lo que has provisto, ¿de quién será?". Lucas 12:15-20, RVR1960.

3. ¿Por qué compro? ¿Lo hago para satisfacer una necesidad real o simplemente para sentirme mejor emocionalmente?

4. ¿Qué problemas emocionales me están haciendo comprar demasiado? Tal vez sea baja autoestima, deseo de destacar, ansiedad o simplemente dejarnos llevar por la presión social.

No estamos hablando de vivir de forma monacal, vestir de negro como hacían los puritanos, criticar o perseguir a las personas que vistan a la moda. Lo que planteamos es una reflexión calmada sobre nuestro propio estilo de vida.

Dios no nos ha llamado a ser jueces unos de otros; al revés, nos pide que nos estimulemos unos a otros a las buenas obras:

> Mantengamos firme, sin fluctuar, la profesión de nuestra esperanza, porque fiel es el que prometió. Y considerémonos unos a otros para estimularnos al amor y a las buenas obras; no dejando de congregarnos, como algunos tienen por costumbre, sino exhortándonos; y tanto más, cuanto veis que aquel día se acerca[4].

La oración ha de ser el factor que cambie nuestra perspectiva de la vida. Pablo se lo dice a los corintios, que andaban muy preocupados en aparentar y gozar de la vida sin medir las consecuencias: "no mirando nosotros las cosas que se ven, sino las que no se ven; pues las cosas que se ven son temporales, pero las que no se ven son eternas"[5].

[4] Hebreos 10:23-25, RVR1960
[5] 2 Corintios 4:18, RVR1960

La eternidad siempre nos da una perspectiva de las cosas que nos ayuda a poner cada cosa en su lugar. Si únicamente miramos las cosas que se ven, nos estamos perdiendo la mejor parte del cuadro de la vida, justo el lienzo que ha pintado Jesús para nosotros.

PUNTOS IMPORTANTES

1) Debemos comprar solo para satisfacer necesidades reales.
2) Antes de comprar algo reflexionemos si lo necesitamos realmente.
3) No compremos para presumir o sentirnos superiores a los demás.
4) Busquemos las cosas de arriba y no las terrenales.
5) Las cosas nunca nos harán felices, tampoco saciarán nuestros deseos, y no debemos permitir que nos conviertan en sus esclavos.

25

La pregunta de oro: ¿qué haría Jesús?

Para tender a la perfección, hay que revestirse del Espíritu de Cristo.

VICENTE DE PAUL
Sacerdote francés

En el fondo, todos anhelamos la perfección. Este anhelo no es algo presuntuoso: es, sin duda, el reflejo que nos queda de la imagen de Dios en nosotros. Algo que para el hombre era imposible de alcanzar, Dios lo ha puesto a nuestro alcance, pero no porque haya bajado el listón, como hacemos muchas veces los padres con nuestros hijos pequeños para evitar su frustración, sino porque a través de Jesús Dios ha abierto un camino que nos ayuda a caminar en esa perfección.

La providencia divina es el vehículo de Dios para acercarnos más a él. Nuestro Padre Celestial no es un ser ausente e indiferente a nuestros problemas y necesidades. Las conoce muy bien y nos ayuda a superarlas.

La religión es el esfuerzo del hombre para acercarse a Dios, complacerle e intentar ganarse su favor, pero curiosamente, Él no actúa así.

A lo largo de la historia las religiones han hablado mucho del Amor, pero siempre se han apresurado a condenarlo y constreñirlo como algo altamente peligroso. Las religiones se caracterizan por imponer normas y reglas, que supuestamente nos perfeccionan hasta llegar a un nivel mayor de compromiso, madurez y prestigio. Este arduo camino de las obras, de las reglas morales y de los dogmas se basa en el esfuerzo humano y, en muchas ocasiones, en el juicio hacia los que no están a ese nivel moral. A pesar de la contradicción en la que vive la religión, no ha podido cambiar una de las realidades más radicales del cristianismo: Dios es amor.

Juan fue llamado el apóstol del amor. El discípulo amado de Jesús puso al amor como la base sobre la cual sustentar todo el edificio de la fe cristiana. El apóstol nos comenta en una de sus epístolas:

Amados, amémonos unos a otros; porque el amor es de Dios. Todo aquel que ama es nacido de Dios, y conoce a Dios. El que no ama, no ha conocido a Dios; porque Dios es amor. En esto se mostró el amor de Dios para con nosotros, en que Dios envió a su Hijo unigénito al mundo, para que vivamos por él[1].

[1] 1 Juan 4:7-9, RVR1960

El que no ama no ha conocido a Dios, aunque esté bautizado por una Iglesia, se suba a un púlpito o conozca la Biblia de pasta a pasta.

Una vez un hombre pobre se acercó a un miembro pudiente de la iglesia que tenía una cadena de zapaterías para pedirle que le vendiera unos zapatos. El hombre no tenía el dinero suficiente, pero el lunes su hijo comenzaba el colegio y no tenía unos zapatos para ir a clase. El hombre rico de la iglesia le dijo que prefería que le fuera dando el dinero poco a poco y después le daría los zapatos. Desesperado, el hombre fue el lunes a primera hora a un zapatero que no era cristiano, pero en cuanto el padre le explicó el problema, este le dio los zapatos para su hijo y le dijo que se los pagara cuando pudiera.

¿Cuál fue el prójimo de ese hombre? Sin duda, el zapatero no cristiano.

Cuando Jesús explicó la parábola del buen samaritano fue aún más radical, ya que hablaba de un ser despreciado por todos los judíos, un mestizo que supuestamente no practicaba la fe pura de Israel, pero Jesús le puso como ejemplo moral.

La regla de oro de Jesús es clara:

Pues si vosotros, siendo malos, sabéis dar buenas dádivas a vuestros hijos, ¿cuánto más vuestro Padre que está en los cielos dará buenas cosas a los que le pidan? Así que, todas las cosas que queráis que los hombres hagan con vosotros, así también haced vosotros con ellos; porque esto es la ley y los profetas.

Entrad por la puerta estrecha; porque ancha es la puerta, y espacioso el camino que lleva a la perdición, y muchos son los que entran por ella[2].

Debemos hacer con los demás lo que desearíamos que ellos hicieran con nosotros en una situación similar. Jesús lo llama la "puerta estrecha".

Todo lo que hacemos en la vida deberíamos intentar meterlo por una puerta estrecha imaginaria. Por ella no caben la soberbia, la vanagloria, la altivez, el orgullo ni la prepotencia. Son demasiado grandes para poder caber por el marco de la puerta estrecha. Tampoco pueden entrar por ella la envidia, la crítica, la murmuración, los prejuicios, los juicios, las mentiras y los insultos. Son demasiado gruesos para caber por la puerta estrecha.

¿Quién es esa puerta estrecha? La puerta estrecha es Jesús. Nuestro molde y modelo, aquel al que nos debemos parecer.

Puede que eso suponga mucha frustración, ya que sabemos que jamás seremos como él. El apóstol Pablo exhortó a los corintios, cristianos muy mundanos y carnales: "Sed imitadores de mí, así como yo de Cristo"[3].

Seamos imitadores. Imitar significa, según el diccionario de la Real Academia de la Lengua Española:

1. tr. Ejecutar algo a ejemplo o semejanza de otra cosa.

2. tr. Dicho de una cosa: Parecerse, asemejarse a otra.

[2] Mateo 7:11-13, RVR1960
[3] 1 Corintios 11:1, RVR1960

3. tr. Hacer o esforzarse por hacer algo lo mismo que otro o según el estilo de otro[4].

Las tres acepciones nos valen. Hacer algo a ejemplo de otra cosa. No seguir nuestra opinión o criterio.

Parecernos cada vez más al otro, en este caso a Jesús.

Esforzarse en hacer algo según el estilo de Jesús.

No podemos imitar a Cristo sin perder algo de nosotros en el camino, pero sin duda será la peor versión de nosotros mismos.

Decía San Agustín que Dios no encontraba sitio en nosotros para derramar su amor porque estábamos demasiado llenos de nosotros mismos. ¡Qué gran verdad!

El primer paso para usar la regla de oro es vaciarnos.

La acumulación de cosas, el egoísmo, el individualismo y el egocentrismo nos impiden que Dios nos cambie. Tenemos que vaciarnos de esas cosas para que Dios nos llene de sí mismo. El egoísmo únicamente ve las cosas bajo el prisma de lo que va a conseguir. Jesús no era egoísta. Se dio a los hombres sin esperar nada a cambio, por puro amor.

En las palabras de Jesús, no hagamos nada esperando recompensa:

Dijo también al que le había convidado: Cuando hagas comida o cena, no llames a tus amigos, ni a tus hermanos, ni a tus parientes, ni a vecinos ricos; no sea que ellos a su vez te vuelvan a convidar, y seas recompensado. Mas cuando hagas banquete, llama a

---

[4] https://dle.rae.es/imitar

los pobres, los mancos, los cojos y los ciegos; y serás bienaventurado; porque ellos no te pueden recompensar, pero te será recompensado en la resurrección de los justos[5].

La primera regla de oro para hacer las cosas como las haría Jesús es dar sin esperar nada a cambio. A veces lo que pedimos de los demás no es dinero, ni siquiera reciprocidad, pero esperamos que nos consideren buenos, justos, generosos, altruistas. Conocí a un hombre que desde que se jubiló dedicaba casi todo su tiempo a los demás. A primera vista, podría parecernos una persona generosa y altruista, desprendida y amorosa, pero lo único que buscaba era que los demás supiesen lo buena persona que era. En cambio, de puertas para dentro de su casa era un mal esposo y padre.

La segunda regla de oro es no esperar a que los demás hagan el bien para hacerlo nosotros. En una de las obras universales de la literatura, *Lazarillo de Tormes*, un joven lazarillo de un ciego aprende de este a comportarse como un verdadero pícaro. Una vez el ciego recibió un racimo de uvas y, como no se fiaba del lazarillo, le pidió que comieran las uvas de una en una cuando él lo indicase. El ciego comenzó a comer de una en una, pero al rato las tomaba de dos en dos. Al terminar el racimo, el ciego le dijo al lazarillo que creía que las había comido de tres en tres. El jovencito le preguntó que porqué pensaba eso, y el ciego le contestó que porque no se había quejado de que él las tomase de dos en dos. Está claro que

[5] Lucas 14:12-14, RVR1960

228

las malas acciones de los demás nos sirven de excusa para las nuestras. Esto lo sé muy bien porque me ha pasado muchas veces. Me he visto en ocasiones justificándome delante de Dios, mientras le decía que estaba seguro de que los demás no eran mucho mejores que yo. Debemos arriesgarnos a amar sin medida, por el simple gesto de amar, gozarnos en la sana satisfacción de la entrega absoluta.

La tercera regla de oro que aprendemos de Jesús es no guardar resentimiento. El resentimiento impide que tengamos relaciones sanas y fructíferas. Resentir es volver a sentir la frustración que nos causó alguna persona o acción, dolerse de nuevo por un mal. Lo que comúnmente se llama guardar a alguien una acción, devolverle la ofensa.

El escritor de Romanos nos aconseja con mucha sabiduría que no paguemos a nadie mal por mal:

No paguéis a nadie mal por mal; procurad lo bueno delante de todos los hombres. Si es posible, en cuanto dependa de vosotros, estad en paz con todos los hombres. No os venguéis vosotros mismos, amados míos, sino dejad lugar a la ira de Dios; porque escrito está: Mía es la venganza, yo pagaré, dice el Señor. Así que, si tu enemigo tuviere hambre, dale de comer; si tuviere sed, dale de beber; pues haciendo esto, ascuas de fuego amontonarás sobre su cabeza. No seas vencido de lo malo, sino vence con el bien el mal[6].

---

[6] Romanos 12:17-21, RVR1960

Devolver la ofensa, pagar mal por mal nos lleva a una escala de venganza que termina siempre mal. La venganza es mala consejera. Debemos esperar en la justicia divina, ya que la nuestra siempre será parcial, arbitraria y en muchos casos desmedida. El famoso ojo por ojo y diente por diente se hizo para que la venganza fuera retributiva y se contuviera en "a igual afrenta, igual pago". Jesús desprecia la venganza, nos pide que estemos en paz con todos los hombres.

Asumir los errores no es de débiles, es de fuertes. Los deseos incontrolados nos esclavizan.

La cuarta regla de oro de Jesús es asumir nuestros errores. La justificación impide que maduremos y crezcamos como personas.

Jesús habló del peligro de fijarse en la astilla que tenía nuestro hermano y no darnos cuenta de la viga que teníamos en nuestro ojo.

¿Y por qué miras la paja que está en el ojo de tu hermano, y no echas de ver la viga que está en tu propio ojo? ¿O cómo dirás a tu hermano: Déjame sacar la paja de tu ojo, y he aquí la viga en el ojo tuyo? ¡Hipócrita! saca primero la viga de tu propio ojo, y entonces verás bien para sacar la paja del ojo de tu hermano[7].

Muchas veces nos referimos a otros fallos para excusar los nuestros. Muchas veces, en lugar de enfrentar las cosas que debemos cambiar, nos justificamos en los demás y eso nos impide madurar.

[7] Mateo 7:3-5, RVR1960

La primera cosa que debemos saber es que jamás somos objetivos, no sabemos las verdaderas intenciones del otro y, por tanto, a veces podemos atribuirle intenciones que no tiene. Por otro lado, si nos eximimos constantemente de nuestras responsabilidades, nos convertiremos en personas muy débiles y vulnerables.

Vivimos en una sociedad que huye de la culpa. De hecho, el relativismo moral persigue esa intención. Nadie es culpable de nada, nadie se arrepiente de nada y nadie puede juzgar a otro o decir lo que está bien o mal. Ese relativismo moral nos hace sentir completamente confusos.

El miedo al compromiso, el temor a ser juzgados o echar siempre la responsabilidad sobre los otros nos lleva a buscar sustitutos al amor. Ya que no nos fiamos del otro, buscamos sustitutos de las relaciones genuinas en las cosas o en las acciones, y a veces también en los animales. Podemos querer mucho a nuestra mascota, pero cuando la humanizamos y la convertimos en un objeto de amor humano, nos engañamos a nosotros mismos.

Los sustitutos del amor se convierten al final en una forma de vida. Al final anestesiamos nuestra vida y perdemos la verdadera esencia de las cosas.

Asumir la culpa y el error, en contra de lo que podamos pensar, es liberador. Amar es un acto muy difícil, pero sin duda es mucho mejor que convertirnos en personas frías, acorazadas para no sufrir.

Las reglas de oro de Jesús pasan por hacernos vulnerables, pero para que a la larga seamos más fuertes. Nos muestran vulnerables, pero nos humanizan, nos enseñan que el verdadero significado de la vida está en darnos sin esperar nada a cambio y asumir nuestros fracasos.

PUNTOS IMPORTANTES

1) Nuestro único modelo es Jesús.
2) No podemos conformarnos con vivir a nuestra manera.
3) Amar es siempre convertirnos en seres vulnerables, pero lo contrario es hacernos personas frías y distantes.
4) Jesús nos llama a aplicar sus reglas de oro.
5) Asumir los errores no es de débiles, es de fuertes.

26

Más importa la calidad que la cantidad

La excelencia moral es resultado del hábito. Nos volvemos justos realizando actos de justicia; templados, realizando actos de templanza; valientes, realizando actos de valentía.

ARISTÓTELES
Filósofo griego

Uno es el resultado de sus acciones más que de sus palabras. No importa lo que digamos que somos, al final nuestras obras gritan a los cuatro vientos lo que somos en realidad. Por eso, como decía Aristóteles, el gran filósofo griego, únicamente nos convertimos en algo cuando lo practicamos. La mayor de las virtudes es ponernos en marcha y simplemente hacerlo.

Los buenos y los malos hábitos rigen nuestra vida, hábitos que en muchos casos adquirimos a edad temprana y que son en buena medida una imitación de lo que hemos visto en nuestros progenitores y nuestro propio carácter.

Mi padre cada día nos pelaba fruta y repartía a todos en la familia para que adquiriésemos el buen hábito de tomar fruta. Durante años los hizo, nos obligó a comer fruta sin mucho éxito aparente. Cuarenta años más tarde, no solo como fruta todos los días, sino que la parto y doy a mis dos hijos. La mayor ya comienza a comerla por sí sola aunque yo no esté. Repetí aquel buen hábito y he sabido transmitirlo, pero por desgracia no todo lo que imitamos es bueno. Mi padre era también un hombre ansioso, siempre preocupado por el futuro y al que le costaba relajarse. Toda mi vida he estado luchando con el mal hábito de preocuparme por el futuro.

¿Qué es un hábito?

Según el diccionario de la Real Academia de la Lengua Española, es el "modo especial de proceder o conducirse adquirido por repetición de actos iguales o semejantes, u originado por tendencias instintivas"[1].

No hay otra forma de aprender que por repetición. Los animales enseñan así a sus crías. Una vez un joven ornitólogo observaba el nido de un ave que estaba investigando. Cuando la madre se alejó un poco, él se acercó al nido y, al verlo llegar, la madre intentó apartarlo de allí. Simuló que estaba herida para que el ornitólogo la siguiera, pero él se acercó al nido y tomó los polluelos. Estos se comportaron de forma confiada y se dejaron tocar y coger. Una vez que el ornitólogo se alejó y la madre se acercó al nido, comenzó a picotear a los polluelos como si los estuviera reprendiendo. El ave sabía

[1] https://dle.rae.es/h%C3%A1bito

que si sus crías querían sobrevivir no debían confiar en el ser humano. Unos minutos después el ornitólogo repitió la misma operación, pero esta vez, cuando el hombre se acercó, los polluelos escaparon del nido. Habían aprendido la lección de no confiar en los depredadores.

Un buen hábito puede librarnos de muchos males y un mal hábito se convierte en un vicio que llegará a destruirnos o, al menos, a hacernos infelices. La práctica de los hábitos ha dejado de llevarse a cabo en muchos lugares. El otro día escuché una frase que me gustó mucho. Decía que los modales son una muestra de respeto y consideración a los demás. Una de las primeras cosas que han desaparecido en el mundo en el que vivimos son los buenos modales.

Dice el refrán que el hábito no hace al monje, pero sin duda el dicho se refiere más a que para ser monje hay que comportarse como tal.

Uno de los libros que más me ha impactado, y que creo ha transformado la vida de muchas personas, es *Los 7 hábitos de la gente altamente efectiva* de Stephen Covey. Covey es un mormón norteamericano que dedicó toda su vida a difundir buenos hábitos. El escritor reconoció que los hábitos los había extraído de sus creencias religiosas.

De alguna manera, estos siete hábitos nos ayudan a alcanzar las metas, pero la más importante es la de conducir nuestra vida de la mejor manera posible. Por mencionarlos brevemente, Covey propone que seamos proactivos, que no dejemos que las cosas sucedan y que hagamos que sucedan. La primera vez que escuché de la proactividad fue de la boca de un viejo amigo psicólogo. Mi amigo había observado mi comportamiento y un día me dijo: "Mario, tú eres proactivo". No sabía muy bien a qué se refería. Me lo explicó brevemente y me di cuenta de que llevaba tiempo practicando este hábito sin saberlo.

Dios es proactivo. Él nunca actúa de forma pasiva o se deja llevar por las circunstancias. Jesús siempre estuvo provocando las cosas, sabía que cada acción conlleva una reacción, pero eso no le impidió seguir adelante con la predicación del Evangelio.

El otro hábito que me atrajo de este libro fue el de tener un plan o, como decía Covey, "empezar con un fin en mente". La mayoría de las personas se dejan llevar por la inercia de la vida y son incapaces de tomar las riendas de su propio destino. Si no sabemos qué hacer con nuestra vida, el tiempo se ocupará de ponernos en nuestro lugar. Necesitamos tener y trazar planes. Puede que tengamos que cambiarlos, pero si no llevamos un mapa y una brújula vital, terminaremos donde no nos gusta o donde pensamos que jamás llegaríamos. Los cristianos tenemos la mejor de las brújulas: nuestro norte es Cristo. Él nos guía en la vida, pero también debemos tener un plan.

Uno de los problemas que tiene el mundo actual y la juventud en particular es que no saben lo que quieren ni cómo conseguirlo. Dos de las preguntas más importantes que tenemos que hacernos son: ¿qué tienes que decir de ti? ¿Cómo quieres ser recordado?

La vida es mucho más que el éxito, al menos el éxito tal y como lo entiende la sociedad. A pesar de los defectos que he enumerado de mi padre, para mí él fue un hombre exitoso. Sacó con mucho amor a su familia adelante, fue un buen esposo e hijo de Dios, y tenía una fe capaz de mover montañas. Dios le salvó en dos ocasiones de enfermedades mortales de una forma milagrosa, una sanidad movida por su fe. Pero, sobre todo, nos infundió dos tesoros que no enseñan en las mejores universidades del mundo. El primero fue el amor propio. Nos quería, y esa seguridad de ser amados y aceptados nos hizo amarnos de forma equilibrada. Mis hermanos y yo hemos cosechado ese amor propio que va acompañado de dignidad e independencia en el pensamiento. La otra cosa que nos enseñó con creces fue a amar incondicionalmente. Mi madre también. Es ese tipo de amor que Dios tiene por nosotros y no tiene que ver con nuestro comportamiento. Estas dos lecciones nos han convertido en personas que, aunque imperfectas, intentan con todas sus fuerzas amar a los demás y nunca perder de vista su dignidad personal.

El tercer hábito de Covey parece una verdad de Perogrullo, pero es muy lógica: es poner primero lo primero. Ya hemos hablado de ello en otro capítulo, pero he visto a tanta gente que pone el carro delante del caballo… yo mismo lo he hecho alguna vez, y por eso es necesario hacer mucho énfasis en este hábito. Evaluar lo urgente y lo importantes es primordial en un mundo que nos bombardea de información y nos apremia para que demos una respuesta a las necesidades y problemas del trabajo. Según Covey, deberíamos pasar la mayor parte de nuestro tiempo resolviendo lo no urgente pero importante. Sin embargo, la mayoría de nosotros se pasa el tiempo apagando incendios en lugar de crear un buen sistema antiincendios.

El hábito que más me gusta es el de pensar en ganar/ganar o, dicho de otra manera, que ambas partes en negociación ganen. La mayoría de nuestros conflictos familiares y profesionales surgen cuando la otra parte intuye o sabe que únicamente le queda perder. La mejor solución es que todos ganen, ya que, aunque no todos consiguen su propósito, al menos consiguen más de lo que tenían.

El quinto hábito es que procuremos comprender antes que ser comprendidos. La empatía es otro de los grandes hábitos que nos ayudarán en la vida. Ponerse en el lugar de otro, intentar comprender su punto de vista, respetar lo que el otro ve, aunque tú lo veas radicalmente diferente. No puedo negar que este es uno de los hábitos que más me cuesta. No soporto el pensamiento lento, me cuestan mucho ciertos planteamientos de vida o actitudes, pero siempre que me he parado y me he puesto en el lugar del otro, he salido ganando al final.

Debemos utilizar los tres llamados modos de persuasión de la antigua Grecia. El ethos que es la credibilidad personal, la confianza que inspiramos a los demás. Después el pathos, que es nuestro lado empático, y que nos ayuda a conectar emocionalmente con el otro. Por último, el Logos, que es la lógica que todos conocemos. Es la parte que incluye el razonamiento *per se*.

El sexto hábito es la sinergia, unir varias fuerzas de trabajo y mentes para aumentar las posibilidades y el poder del cambio.

Por último, está lo que él llamaba "afilar la sierra". En el fondo, este hábito es mantener las herramientas en buen estado. La herramienta somos nosotros mismos.

Recuerdo que cuando iba a ayudar a mi padre, él limpiaba constantemente las herramientas y el lugar de trabajo. Cada vez que le preguntaba por qué lo hacía tan constantemente, siempre contestaba lo mismo: "Para realizar un buen trabajo todo tiene que estar limpio y en su sitio, las herramientas sucias se convierten en imprecisas, además de peligrosas, y cuesta mucho más hacer el trabajo". ¿No somos nosotros las herramientas de Dios en la tierra?

Debemos cuidar nuestra salud, nuestra mente y nuestro espíritu. Dependemos de los tres más que de ninguna otra cosa.

Pablo habló a los gálatas de la ley de la siembra y la cosecha:

El que es enseñado en la palabra, haga partícipe de toda cosa buena al que lo instruye.

No os engañéis; Dios no puede ser burlado: pues todo lo que el hombre sembrare, eso también segará. Porque el que siembra para su carne, de la carne segará corrupción; mas el que siembra para el Espíritu, del Espíritu segará vida eterna[2].

No podemos recoger lo que no hemos sembrado si no sembramos la buena semilla de Dios y los hábitos que nos conducen a una abundante cosecha, pues entonces recogeremos escasamente frutos que no tienen nada que ver con lo que realmente queríamos segar.

Para recoger el amor de las personas, debemos sembrar amor. Hay una frase muy bella de

> Los hábitos moldean nuestro carácter.

2 Gálatas 6:6-8, RVR1960

Edmond Goncourt: "El amor es lo que Dios creó en la tarde del séptimo día, para dar movimiento y vida a toda su obra anterior".

Dios creó el amor para que nunca más estuviéramos solos, pero el amor es mucho más que sensaciones y emociones. El amor es eterno, proviene de Dios y por eso debemos acudir a la fuente.

Muchas veces salimos de la iglesia como hemos entrado. No hemos entendido todo lo que se hacía allí con la clave del amor. Una clave que lo cambia todo por completo. Dios no puso mandamientos para fastidiarnos, sino para protegernos; no impide que hagamos cosas buenas, sino que nos anima a tomar el mejor camino y a evitar los hábitos que nos denigran como personas y nos hacen infelices a nosotros y a los que nos rodean.

Veamos la historia del viejo profesor. El viejo profesor tomó un frasco grande de cristal y preguntó a sus alumnos: "¿Cuántas piedras entran en este frasco?". Tras llenarlo de piedras pequeñas y ya sin espacio para ninguna más les preguntó: "¿Está lleno?". Los alumnos asintieron con la cabeza, pero él sacó una gravilla más fina y comenzó a llenar los huecos. Después les preguntó de nuevo si estaba lleno y ellos ya dudaron. Tomó tierra y comenzó a rellenar de nuevo y el bote se llenó aún más. Al final lo terminó de rellenar con agua. Miró a sus alumnos y les preguntó: "¿Qué hemos demostrado?". Un alumno aventajado contestó: "No importa lo llena que parezca estar la jarra, siempre se puede llenar más". "No, lo que nos enseña es que si no colocas las piedras grandes primero, no podrás colocarlas después". ¿Cuáles son las piedras grandes en tu vida? ¿Tus sueños, tu familia, tu vocación? No podemos comenzar la casa por el tejado.

Los buenos hábitos que hemos comentado nos ayudan a comenzar la casa por el sitio adecuado.

Jesús habló de esto mismo al referirse en la parábola de las dos casas, una edificada sobre la arena y la otra sobre la roca, en la que expuso cuáles eran nuestros cimientos:

Cualquiera, pues, que me oye estas palabras, y las hace, le compararé a un hombre prudente, que edificó su casa sobre la roca. Descendió lluvia, y vinieron ríos, y soplaron vientos, y golpearon contra aquella casa; y no cayó, porque estaba fundada sobre la roca. Pero cualquiera que me oye estas palabras y no las hace, le compararé a un hombre insensato, que edificó su casa sobre la arena; y descendió lluvia, y vinieron ríos, y soplaron vientos, y dieron con ímpetu contra aquella casa; y cayó, y fue grande su ruina[3].

Los cimientos de nuestra casa deben estar edificados sobre la roca inamovible de los siglos que es Cristo[4].

Los problemas de la vida van a venir, pero si tenemos nuestro fundamento en Cristo y construimos sobre él buenos hábitos, buenas relaciones y las completamos con buenas obras,

---

[3] Mateo 7:24-27, RVR1960
[4] "Si es que habéis gustado la benignidad del Señor. Acercándoos a él, piedra viva, desechada ciertamente por los hombres, mas para Dios escogida y preciosa, vosotros también, como piedras vivas, sed edificados como casa espiritual y sacerdocio santo, para ofrecer sacrificios espirituales aceptables a Dios por medio de Jesucristo". 1 Pedro 2:3-5, RVR1960

la casa resistirá y no sucumbirá como las que están fundadas sobre la arena de las filosofías huecas y fluctuantes de nuestro mundo y de las que hemos hablado a lo largo de este libro.

Las vidas de las personas que nos rodean parecen estar repletas de cosas hermosas, de piedrecitas y arenisca, incluso de agua, pero me pregunto si dentro de ellas están esos valores y hábitos que nos hacen realmente plenos y felices. En una sociedad que huye del compromiso, que abomina el esfuerzo y el sacrificio, el llamado de Dios es siempre el mismo. Veamos las palabras de Jesús sobre el buen samaritano y la misericordia que aplicó sobre el hombre que había encontrado en el camino:

> ¿Quién, pues, de estos tres te parece que fue el prójimo del que cayó en manos de los ladrones?
> Él dijo:
> —El que usó de misericordia con él.
> Entonces Jesús le dijo:
> —Ve y haz tú lo mismo[5].

Nosotros debemos ir y hacer lo mismo que aquel buen samaritano: pararnos en el camino para hacer las obras que Dios ya puso de antemano en nuestro camino.

La salvación es por gracia, es un regalo inmerecido, pero Dios nos llama a vivir vidas plenas, en las que los demás ocupen un espacio determinante. Hacer el bien no es una opción:

[5] Lucas 10:36-38, RVR1995

Jesús nos salvó para que caminásemos en buenas obras. Es mejor una cosa de calidad que mil objetos inútiles y fatuos; es mejor la perla de gran precio por la que el hombre que nos narra Jesús vendió todo por conseguirla. ¿Estaremos nosotros dispuestos a hacer lo mismo?

PUNTOS IMPORTANTES

1) Los hábitos moldean nuestro carácter.
2) Los hábitos no son determinantes: podemos cambiarlos y tomar otros mejores.
3) La buena semilla da buen fruto.
4) La base de nuestra vida debe ser Jesús.
5) Nuestra vida cobra sentido en el servicio a los demás.

27

Poseer no es malo, ser poseído sí

¿Qué es la avaricia? Un continuo vivir en la pobreza por temor a ser pobre.

SAN BERNARDO DE CLARAVAL
Eclesiástico francés

La escritora J. K. Rowling dio un discurso de graduación en la Universidad de Harvard. Ella, que había nacido pobre y había vivido en la pobreza la mayor parte de su vida, quiso poner una impronta duradera en todos aquellos proyectos humanos que estaban a punto de dar sus primeros pasos en la vida profesional.

Ahora bien, no he venido a deciros que el fracaso es divertido. Aquel periodo de mi vida fue muy duro, y entonces no tenía ni idea de que iba a ocurrir lo que más tarde la prensa ha descrito como un desenlace de un cuento de hadas. Entonces no tenía ni idea de hasta donde se extendía el túnel, y, durante mucho tiempo, cualquier luz que atisbara al final tan solo era una esperanza, y no una realidad. Entonces, ¿por qué hablo de los beneficios del fracaso? Sencillamente porque el fracaso me obligó a prescindir de los superfluo. Dejé de fingir ante mí misma que era lo que no era y comencé a concentrar toda mi energía en acabar el único trabajo que en verdad me importaba[1].

La experiencia de Rowling es la mía. He fracasado tantas veces que he perdido la cuenta, pero no importan las veces que fracasemos, sino las que nos levantamos para intentarlo de nuevo. Eso es lo realmente importante. Tuve muchos problemas en la escuela por una dislexia no diagnosticada, repetí varios cursos y estuve a punto de tirar la toalla porque me sentía incapaz. Me levanté y continué a tientas, en medio de la oscuridad, pero siempre al final de ese túnel estaba Jesús esperándome, mirándome sin el más mínimo reproche, mostrándome de nuevo el camino.

Profesionalmente no me fue mal. Trabajaba en una ONG y me sentía realizado, me casé sin apenas dinero y los primeros años fueron duros, muy duros, pero los superamos juntos. Cuando decidí dedicarme a la escritura, las cosas se pusieron interesantes. Regresamos casi a la casilla de salida, pero Dios siempre fue fiel. Nunca nos faltó nada. Todo eso me ayudó a darme cuenta de a quién debía mi vida y mi felicidad. Por eso cuando llegaron algunos premios y cierto éxito, era demasiado tarde para que se me subiera a la cabeza.

[1] Rowling, J. K, Vivir bien la vida, Salamandra, Barcelona, 2018. Pag 32-33

He sido pobre, aunque para mi madre no lo éramos. Ella daba algo de limosna a las personas que andaban pidiendo por las casas; esas sí que eran pobres en el sentido amplio de la palabra. Mientras tienes un plato en la mesa y un tejado en el que cobijarte no eres pobre. He bebido leche aguada porque no nos llegaba para todos y legumbres tres veces a la semana porque era lo más barato. No tenía todo lo que quería, pero era muy feliz, porque Dios me había dado lo más importante: una familia que me amaba con toda su alma.

La pobreza no es un galardón ni una virtud. La Iglesia católica siempre ha vivido en la esquizofrenia de promover la pobreza comunitaria, mientras sus príncipes vivían en la ostentación. Dios no nos llama a ser pobres, al menos como conjunto de cristianos, pero sí a ser humildes.

En el libro *El monje que vendió su Ferrari*, el protagonista es el alter ego del autor. Robin Sharma dejó su vida como abogado y se convirtió en un "monje" con una fe centrada en el budismo. Esa idea de que la felicidad se encuentra al otro lado del arcoíris también está muy extendida dentro del cristianismo, desde el concepto de *fuga mundi,* pasando por las órdenes monásticas que intentan recrear la sociedad perfecta, el Reino de Dios en la tierra, pero separándose del mundo. Me refiero en especial a las órdenes contemplativas y de clausura. Respeto al máximo estas decisiones tan complejas, pero no puedo olvidar las palabras de Jesús en su última oración antes de partir al Padre:

Ahora vuelvo a ti, pero digo estas cosas mientras todavía estoy en el mundo, para que tengan mi alegría en plenitud. Yo les he entregado tu palabra, y el mundo los ha odiado porque no son del mundo, como tampoco yo soy del mundo. No te pido que los quites del mundo, sino que los protejas del maligno. Ellos no son del mundo, como tampoco lo soy yo. Santifícalos en la verdad; tu palabra es la verdad. Como tú me enviaste al mundo, yo los envío también al mundo. Y por ellos me santifico a mí mismo, para que también ellos sean santificados en la verdad[2].

Jesús no quiere apartarnos del mundo: nos envía a él con la buena noticia del Evangelio. Además, lo hace de forma sencilla, pero a veces nosotros nos enredamos con cosas que nos convienen. ¿Sería mejor entonces que renunciásemos a todo?

¿Es la pobreza la virtud cardinal que nos anima a acercarnos a Dios? ¿Es realmente desprendernos lo que necesitamos para poder acercarnos a Dios y al prójimo?

La Iglesia católica enseña siete virtudes cardinales. Las virtudes cardinales tienen que ver con el fruto del Espíritu Santo. La virtud es una disposición habitual y firme de hacer el bien, según el catecismo. Por ello, según la Iglesia católica hay virtudes humanas, que llama "actitudes firmes", pero hay otras cardinales, a las que denomina así por su papel fundamental como son la justicia, la fortaleza y la templanza. Por último, están las virtudes teologales, que se refieren directamente a Dios. Muchas órdenes, además, incluyen los votos, entre ellos el de pobreza. ¿En qué consiste este voto?

[2] Juan 17:13-19, RVR1960

En contra de lo que pensamos, no significa que el monje viva míseramente. Este voto se basa en la "bienaventuranza de los pobres en espíritu". Lo que implica es que el pobre no posee nada, ni el hábito que tiene, ni la comida que come, ni su propio cuerpo. El monasterio puede tener riquezas de las que disfrutarán los monjes según dicte su regla. Algunas

> La libertad consiste en sabernos esclavos de Dios.

órdenes eran muy estrictas, como los franciscanos o las carmelitas descalzas, pero la mayoría eran mucho más laxas. Los monjes, al no tener posesiones, se concentran en Dios y en el prójimo. Sin duda mucho de ellos hacen una labor encomiable de entrega a los demás, pero si Dios no te pide eso. ¿Debes ser pobre para mejor servir a Dios?

La Biblia dice que el dinero es la raíz de todos los males, pero es más interesante el contexto en el que expone este axioma:

> Si alguno enseña otra cosa, y no se conforma a las sanas palabras de nuestro Señor Jesucristo, y a la doctrina que es conforme a la piedad, está envanecido, nada sabe, y delira acerca de cuestiones y contiendas de palabras, de las cuales nacen envidias, pleitos, blasfemias, malas sospechas, disputas necias de hombres corruptos de entendimiento y privados de la verdad, que toman la piedad como fuente de ganancia; apártate de los tales. Pero gran ganancia es la piedad acompañada de contentamiento; porque nada hemos traído a este mundo, y sin duda nada podremos sacar. Así que, teniendo sustento y abrigo, estemos contentos con esto. Porque los que quieren enriquecerse caen en tentación y lazo, y

en muchas codicias necias y dañosas, que hunden a los hombres en destrucción y perdición; porque raíz de todos los males es el amor al dinero, el cual codiciando algunos, se extraviaron de la fe, y fueron traspasados de muchos dolores[3].

Pablo no está criticando en este caso la riqueza ni elogiando la pobreza. Está condenando a aquellos que, por medio de engaños, lucran con la palabra de Dios, la codicia de los que usan la fe ingenua para enriquecerse. Muchos están usando la fe como su carrera particular para el éxito. No es que pidamos que los ministros de Dios sean pobres, que no cubran sus necesidades, ya que el obrero es digno de su salario[4], pero no que se hagan millonarios por el Reino de Dios.

Abraham Maslow, un famoso psicólogo norteamericano especialista en motivación, estudió lo que denominó "jerarquía de necesidades". Después, en relación con esta, creó la llamada pirámide de la autorrealización.

Maslow no hizo otra cosa que parafrasear a Jesús cuando dijo que solo podemos respetar a los demás si nos respetamos a nosotros mismos, solo podemos dar si nos damos a nosotros mismos, y solo podemos amar si nos amamos a nosotros mismos. En definitiva, no podemos dar lo que no tenemos.

La pobreza de espíritu no es un estado material, es una actitud espiritual. La pobreza en el espíritu es la que más nos ayuda a asemejarnos a Dios. Sabemos que Dios es un ser independiente, puro, que no necesita al resto de seres. Nosotros

---

3 1 Timoteo 6:3-10, RVR1960
4 Ver Mateo 10:10.

debemos imitarle. El desapego nos ayuda a no depender de nada material, a alejarnos de todo lo que nos condiciona y limita en el servicio a Dios. A lo único que se apega es a Dios mismo. Algunos creen que a esto se refiere volver al vientre de la madre. Jesús se lo dijo a Nicodemo: es necesario nacer de nuevo.

> Respondió Jesús y le dijo: De cierto, de cierto te digo, que el que no naciere de nuevo, no puede ver el reino de Dios. Nicodemo le dijo: ¿Cómo puede un hombre nacer siendo viejo? ¿Puede acaso entrar por segunda vez en el vientre de su madre, y nacer? Respondió Jesús: De cierto, de cierto te digo, que el que no naciere de agua y del Espíritu, no puede entrar en el reino de Dios. Lo que es nacido de la carne, carne es; y lo que es nacido del Espíritu, espíritu es. No te maravilles de que te dije: Os es necesario nacer de nuevo. El viento sopla de donde quiere, y oyes su sonido; mas ni sabes de dónde viene, ni a dónde va; así es todo aquel que es nacido del Espíritu. Respondió Nicodemo y le dijo: ¿Cómo puede hacerse esto? Respondió Jesús y le dijo: ¿Eres tú maestro de Israel, y no sabes esto? De cierto, de cierto te digo, que lo que sabemos hablamos, y lo que hemos visto, testificamos; y no recibís nuestro testimonio[5].

Un doctor de la ley desconocía qué era nacer de nuevo. Uno de los problemas del cristianismo actual es ese. Si no hay cristianos nacidos de nuevo, no podemos ser pobres en espíritu.

[5] Juan 3:3-11, RVR1960

No basta ser libres con respecto al alma si nuestra vida y cuerpo se encuentran en ansiosa inquietud, ya que no podemos dividirnos. El ser humano es uno, para ello tiene que morir a todo lo externo, para no estar atado a nada. Cuando Jesús le dice al joven rico que deje todo y le siga, le está enseñando que el problema no es la riqueza sino el amor que le tiene a esta. Entonces los discípulos le dicen que ellos han dejado todo y lo han seguido, pero ellos también están buscando una recompensa, seguramente política, ya que piensan que Jesús va a tomar el poder y a instaurar su reino, como esperaban todos los judíos de su época.

¿Qué sucede cuando Dios da al hombre bienes naturales fruto de su trabajo honrado?

Dios no nos pide que renunciemos, sino que no estemos apegados a las cosas y la riqueza. Job es el paradigma de todo esto. Era un hombre rico y justo que lo perdió todo, además de manera injusta. Al principio se mantiene firme, pero ante el sinsentido de su situación y las acusaciones de sus amigos sucumbe y se queja del día de su nacimiento. En cierto sentido tiene que morir para nacer de nuevo, de una forma aún más proporcionada y parecida a Dios. Entonces Job hace un discurso que demuestra que ahora es pobre en espíritu.

Respondió Job a Jehová, y dijo:
Yo conozco que todo lo puedes,
Y que no hay pensamiento que se esconda de ti.
¿Quién es el que oscurece el consejo sin entendimiento?
Por tanto, yo hablaba lo que no entendía;

Cosas demasiado maravillosas para mí, que yo no comprendía.

Oye, te ruego, y hablaré;

Te preguntaré, y tú me enseñarás.

De oídas te había oído;

Mas ahora mis ojos te ven.

Por tanto, me aborrezco,

Y me arrepiento en polvo y ceniza[6].

Es la declaración más hermosa del mundo. Primero reconoce la autoridad de Dios y su poder, después su omnisciencia, por tanto, nada sucede que este fuera del control de Dios y en cierto sentido de su voluntad. Job está hablando del contentamiento. Después se hace una pregunta: "¿Quién es el que oscurece el consejo sin entendimiento?". La pregunta tiene que ver con el intento del hombre de ponerse a la altura de Dios, de creer que podemos decirle cómo debe gobernar el mundo y nuestra vida. Job reconoce que hablaba de lo que no entendía, pero su actitud va a cambiar. Va a preguntar a Dios y a aprender de Él. El *crescendo* llega hasta el punto en el que hace una confesión brutal. Reconoce su ignorancia frente a Dios, antes le conocía de oídas, no tenía una relación tan estrecha y cercana, era más bien la experiencia a través de otros. Ahora puede ver a Dios como es, no como creía hasta ese momento que era, lo que le lleva al propio aborrecimiento y al arrepentimiento. Job ha nacido de nuevo, ahora es pobre en espíritu de verdad, ya no se pone a él y a su justicia delante

---

[6] Job 42:1-6, RVR1960

de Dios, ni se considera inocente y mal pagado. Ahora ve. Sus ojos han sido abiertos.

La epifanía siempre sucede de esta manera, cuando quitamos todos los mantos humanos y nos quedamos desnudos delante de Dios. Esa es la verdadera pobreza. No vestir hábitos ásperos ni cilicios, o hacer otros actos de contrición. En ese momento, somos pobres en espíritu. Ya no tememos al hombre, no buscamos su aprobación, su aplauso, su autorización. Somos libres como en el espiritual negro que tanto le gustaba a Martin Luther King.

Libre al fin, libre al fin
Gracias a Dios todopoderoso, por fin soy libre
Estoy bien porque estás aquí esta noche
Gracias a Dios todopoderoso, todo está bien
Ha sido una larga, larga subida
Me alegro de haber sobrepasado
No puedo dejar de llorar
Sentirse todo envuelto en trébol
Puedo cantar mi canción si no me haces mal
Gracias a Dios todopoderoso, estás donde perteneces
Puedo cantar mi canción antes de demasiado tiempo
Gracias a Dios todopoderoso, canta mi canción
Dolor que podemos vencer
Escucha, la miel nunca ha sido tan dulce
Tienes niños de pie
Caminando arriba y abajo por la calle, agitando sus manos hacia
    arriba

Libre por fin gratis al fin
Gracias a Dios todopoderoso, libre al fin
Puedo cantar mi canción. Puedo cantar mi canción
Gracias a Dios todopoderoso, puedo cantar mi canción[7].

PUNTOS IMPORTANTES

1) La pobreza en espíritu es un desapego de las cosas temporales.
2) Necesitamos nacer de nuevo para alcanzar la verdadera visión de las cosas espirituales.
3) Job llegó a un conocimiento de Dios cuando se desprendió de todo y se vio en su verdadera condición.
4) El único camino que lleva a la pobreza espiritual es el reconocimiento de la grandeza de Dios.
5) La libertad consiste en sabernos esclavos de Dios.

[7] https://www.letras.com/al-green/free-at-last/traduccion.html

28

Que tu estilo de vida no sirva para oprimir a otros

¿Los pobres serían lo que son, si nosotros fuéramos lo que debiéramos ser?

CONCEPCIÓN ARENAL
Escritora y socióloga española

Es difícil determinar si la pobreza la genera la acumulación de riqueza o la falta de políticas que ayuden a los más necesitados a escalar socialmente. En regímenes como el de Venezuela, se pasó de un índice de pobreza extrema del 19% a un 23,37% en el 2012, y en la actualidad la pobreza extrema se sitúa en 79,3%. Las políticas sociales de Hugo Chávez frenaron al principio la pobreza extrema y la pobreza en general, pero el gasto social se disparó tanto que el país no pudo mantener ese nivel de deuda y no generó una producción que consolidara esas mejoras. Dar a la gente necesitada dinero es pan para hoy y hambre para mañana.

En Europa está sucediendo algo similar. En España, antes de la pandemia, un 9,5% de la población vivía en pobreza severa, aunque no puede equipararse a la de los países pobres, ya que se considera pobreza severa a un ingreso medio de 1,124 euros en una familia de cuatro miembros. El Ingreso Mínimo Vital es una paga por el mero hecho de existir, que se da a unas ochocientas mil personas, es decir, unos trescientos mil hogares, y que corresponde a una cuantía de 491.63 euros por adulto. En el caso de un adulto y tres o más menores sería de 1,042.26 euros. ¿Por qué alguien que cobra esto al mes va a trabajar? A largo plazo, esto generará más pobreza, ya que estas ayudas no están unidas a formas activas de búsqueda de empleo o formación. Entonces, ¿por qué se hacen? Hay dos razones básicas: la paz social (el Estado paga a la gente para que no delinca), y la segunda razón es para formar una especie de clientelismo. Siempre votarás por el que te da de comer, en este caso, literalmente.

Pero la pregunta es: ¿puede determinar nuestro estilo de vida el aumento de la pobreza en el mundo? ¿Necesitamos cambiar hábitos para mejorar la situación del planeta?

La pobreza extrema mundial ha aumentado en los últimos años debido al COVID. Unos cien millones más han entrado en pobreza extrema por la crisis económica producida por la pandemia. La pobreza extrema llevaba reduciéndose en los últimos años. Había pasado del 10,1 % al 9,2 % en apenas dos años, del 2015 al 2017. La globalización ha favorecido el crecimiento en países que antes eran pobres o muy pobres, pero ha empobrecido a las clases medias y obreras de los países occidentales. Muchas de las empresas se deslocalizaron a principios del siglo XXI debido a la facilidad del transporte barato de mercancías y los menores costes de producción en países como China o India, pero en la medida en que estos países se enriquecen se hacen menos competitivos, por lo que las grandes multinacionales están mirando a África, que si bien tiene el problema de la inestabilidad política, es mucho más barato.

El consumidor puede optar por productos locales para mejorar la economía de las pequeñas empresas de su zona; además, la pandemia también ha puesto de manifiesto el peligro de la falta de distribución si dependemos tanto de China y otros países. El fenómeno de los "chalecos amarillos" en Francia o el apoyo de las zonas obreras en Estados Unidos a Donald Trump nos hablan de que la clase obrera y la clase media occidentales se están empobreciendo. Si a esto unimos la inflación galopante, el empobrecimiento se acelerará en los próximos años.

El problema de pobreza es más complejo de lo que parece a simple vista, y sus soluciones no son fáciles. Por ejemplo, se ha criticado a muchas empresas de material deportivo por fabricar en condiciones inhumanas en Bangladesh y otros países. Eso ha puesto de manifiesto la situación y algunas multinacionales han tenido que mejorar las condiciones de las subcontratas que son, en el fondo, las que más dinero se llevan, pero si las condiciones mejoran demasiado, estos países no serán rentables y las multinacionales buscarán otros lugares.

¿Dónde está la raíz del problema? Queremos productos baratos, pero no las consecuencias que se derivan de nuestras elecciones. Por ejemplo, deseamos zapatos deportivos de marca por menos de cien dólares, pero para poder fabricarlas y lograr que las empresas mantengan sus beneficios, habría que pagar de medio un 50 % más.

En mi pueblo a esto se llama "desnudar a un santo para vestir a otro". Si frenamos drásticamente el nivel de consumo produciríamos una crisis a nivel mundial, y si lo mantenemos pondremos en peligro el medio ambiente y los recursos materiales de las próximas generaciones.

James Twitchell, un famoso profesor estadounidense que se ha especializado en temas de consumo, nos lanzaba la pregunta más pertinente: ¿quién quiere volver a 1900? El ascenso de cientos de millones de indios y chinos a la clase media ha mejorado la vida de gran parte del planeta, pero ha aumentado la demanda de recursos. ¿Podemos los occidentales reprender a Oriente por querer tener nuestro estilo de vida? Ya se hablaba en los años noventa del siglo pasado que cuando en los países subdesarrollados se demandasen electrodomésticos o automóviles como en el primer mundo, las cosas se complicarían, y mucho. Aun así, no es lógico que intentemos frenar en parte el consumo en varios niveles.

Necesitamos consumir menos energía en nuestros hogares y, en la medida de lo posible, poner sistemas solares para el autoconsumo, ya que para el año 2040 se habrá incrementado un 30 % el consumo de energía a nivel mundial.

Debemos usar de forma más eficiente y razonable el consumo de energía eléctrica, gasolina o gas.

La compra de prendas de vestir debe disminuir. No podemos estrenar ropa cada mes o temporada. De la misma manera, nuestro insaciable apetito por otros productos genera muchos problemas a nivel global.

No debemos criminalizar al consumo como el causante de todos los males del mundo. De hecho, el consumo global ha subido el nivel de vida de muchos países, pero debemos consumir de forma más lógica.

Podríamos seguir hablando a nivel mundial de los efectos del consumo, pero me gustaría que reflexionásemos sobre qué podemos hacer nosotros.

Algunas cosas son tan simples como cambiar todas nuestras bombillas por otras más eficientes y los electrodomésticos por otros que consuman menos. Lo mismo podemos decir de los coches o el uso de transportes menos contaminantes. Esto beneficiará nuestra economía y ayudará a las futuras generaciones. Algunos dirán que no tienen recursos para hacer todos esos cambios, pero se pueden hacer de manera progresiva, como cambiar un par de bombillas de la casa cada mes, ahorrar para comprar electrodomésticos más eficientes, etc.

El uso de productos fabricados en condiciones justas o alimentos cultivados de forma sostenible y con salarios dignos también es una forma de paliar la pobreza, aunque es verdad que suelen ser productos más caros. Otra opción es el uso de sistemas de cooperativas que venden productos de calidad sin intermediarios o de productores que ahora, gracias a la tecnología, ponen sus productos en línea.

Al final, todos somos responsables de lo que pasa a nivel global y estamos hiperconectados.

La libertad que nos produce tomar decisiones justas es otro de los beneficios de ser consumidores responsables.

Debemos regresar a parámetros más sencillos a nivel personal. Para ello debemos tener un plan. No podemos dejarnos llevar por la masa ni por un estilo de vida irracional. Es necesario cambiar ciertos hábitos.

El pastor Richard Foster propone, en su libro *La libertad de la sencillez*, una forma de unir nuestra fe y nuestra forma de consumir.

La sencillez al estilo de Jesús nos produce primero serenidad, pues paramos en la carrera interminable del consumismo, el ascenso social, el éxito y la fama.

En lugar de construir carreras, deberíamos construir familias, relaciones con amigos, momentos vivenciales que ya no regresarán.

En lugar de acumular bienes, deberíamos compartir nuestro dinero y nuestro tiempo con más personas.

En lugar de comprar casas grandes para presumir, deberíamos tenerlas para que pudiéramos ampliar el círculo de amigos y hermanos de la iglesia a quienes invitar.

Cuando yo era pequeño, en el siglo pasado, las iglesias eran comunidades en las que la relación era muy importante. Pasábamos mucho tiempo juntos, salíamos al campo y la gente se invitaba. El mayor tesoro que hemos perdido es el tiempo de calidad con amigos, familiares y hermanos de la iglesia.

Ahora los niños tienen demasiadas actividades extraescolares, en muchos casos para que a los padres les dé tiempo de llegar a casa tras sus interminables horarios laborales. Las parejas se desconocen y se entregan las sobras de sus días, si es que no se pasan todo el día en las redes sociales, intentando relajarse y alejarse de sus problemas.

Pasamos mucho tiempo con lo que no es ni urgente ni importante, intentando evadirnos de las presiones de la vida, pero en el camino nos perdemos muchas cosas.

Las iglesias tienen que volver a ser grandes familias, lugares de acogida y apoyo. Paremos en seco, regresemos a la hospitalidad, al amor fraternal y a la ayuda mutua.

Santiago nos habla de estas pasiones que nos alejan de lo verdaderamente importante. Él lo llama amistad con el mundo.

¿De dónde vienen las guerras y los pleitos entre vosotros? ¿No es de vuestras pasiones, las cuales combaten en vuestros miembros? Codiciáis, y no tenéis; matáis y ardéis de envidia, y no podéis alcanzar; combatís y lucháis, pero no tenéis lo que deseáis, porque no pedís. Pedís, y no recibís, porque pedís mal, para gastar en vuestros deleites. ¡Oh almas adúlteras! ¿No sabéis que la amistad del mundo es enemistad contra Dios? Cualquiera, pues, que quiera ser amigo del mundo, se constituye enemigo de Dios[1].

Es curioso que la amistad con el mundo nos constituye en enemigos de Dios y de nosotros mismos. Muchas veces intentamos compaginar los valores del mundo y los de Cristo, pero lo único que conseguimos es más frustración y la pérdida de nuestra paz interior.

[1] Santiago 4:1-4, RVR1960

Se habla mucho en las iglesias de la depravación sexual, los problemas con la pornografía, los alarmantes casos de líderes adúlteros, de las nuevas ideologías sexuales, pero apenas se hace énfasis en las desigualdades sociales, en la avaricia que atenaza a muchos pastores y creyentes, la adicción al trabajo o la falta de escrúpulos para explotar a trabajadores indocumentados o los salarios bajos de muchos trabajadores.

Los textos sobre estos temas se ignoran de forma sistemática; en cambio, tanto en la ley mosaica como en los profetas, la denuncia contras estas prácticas son continuas.

No oprimas a tu prójimo. No le robes.

No retengas en tu casa, hasta el día siguiente, el salario del jornalero.

No maldigas al sordo, ni pongas tropiezo delante del ciego. Más bien, debes tener temor de mí. Yo soy el Señor tu Dios[2].

Dios nos conmina a ser justos también en lo financiero, pero son muchos los textos de Nuevo Testamento que piden un trato justo para los trabajadores. Desde la carta del apóstol Santiago, pasando por la carta de Pablo a los colosenses o los evangelios de Lucas y Mateo.

Juan el Bautista responde a unos soldados que le preguntaban qué debían hacer ellos con respecto a la inminente llegada del Reino de Dios: "También le preguntaron unos soldados, diciendo: Y nosotros, ¿qué haremos? Y les dijo: No

---

[2] Levítico 19:13-15, RVC

hagáis extorsión a nadie, ni calumniéis; y contentaos con vuestro salario"[3].

Aunque uno de los textos de la Biblia más contundentes a este respecto es la carta de Santiago que dice esto de los opresores:

> He aquí, clama el jornal de los obreros que han cosechado vuestras tierras, el cual por engaño no les ha sido pagado por vosotros; y los clamores de los que habían segado han entrado en los oídos del Señor de los ejércitos[4].

La avaricia de muchas multinacionales que explotan a personas en el tercer mundo para obtener ganancias es un escándalo, pero también los salarios bajos de muchos empleos en países del primer mundo.

El papa Francisco ha denunciado el abuso de los salarios bajos, pero también el enriquecimiento por medio del abuso de los empleados, pero no solo lo dice el máximo representante de la Iglesia católica, también lo expresan muchos de los líderes de otros grupos cristianos.

Los valores del Reino de Dios son incompatibles con la explotación humana.

Por tanto, ¿cómo podemos evitar esa explotación en nuestro día a día?

Si somos empresarios cristianos, podemos hacerlo dando un sueldo justo a nuestros empleados, no pretendiendo vivir

[3] Lucas 3:14, RVR1960
[4] Santiago 5:4, RVR1960

en la opulencia mientras ellos están en la miseria. ¿Cómo es posible que en países que han alcanzado hasta un 40% de cristianos sigan aún con grandes desigualdades sociales? El Evangelio debe repercutir en todas las áreas de la vida de los creyentes, no únicamente en el aspecto espiritual.

La injusticia económica es pecado: no participemos de ella.

En el caso de ser empleados, debemos trabajar honradamente y mantener nuestro testimonio en el trabajo. Mostrando honradez, buen compañerismo, laboriosidad y servicio.

Como consumidores tenemos cada vez más la posibilidad de no comprar productos en los que nos conste que ha habido explotación de personas para su fabricación.

Nuestra conciencia, en muchas ocasiones, está cauterizada frente a la explotación laboral, pero es algo que abomina Dios.

Por último, en la medida que dependa de nosotros, seamos ciudadanos, clientes, consumidores, trabajadores y empleadores que ponen por delante sus valores cristianos ante los intereses espurios.

El padre de Martin Luther King, durante los años de la Gran Depresión, articuló un sistema mediante el cual los miembros de su congregación se ayudaban mutuamente. Cada uno alquilaba o compraba los artículos de otro miembro de la iglesia. De esta forma tan ingeniosa, la congregación logró superar una de las crisis más difíciles de la historia de los Estados Unidos.

Siempre hay fórmulas creativas para ayudar a los demás y hacer de este mundo un lugar mejor. Está claro que hasta el establecimiento pleno del Reino de Dios siempre habrá injusticia, desigualdad y dolor, pero los cristianos hemos sido llamados a vivir ya como plenos ciudadanos del Reino.

Preguntado por los fariseos, cuándo había de venir el reino de Dios, les respondió y dijo: El reino de Dios no vendrá con advertencia, ni dirán: Helo aquí, o helo allí; porque he aquí que el reino de Dios está entre vosotros. Y dijo a sus discípulos: Tiempo vendrá cuando desearéis ver uno de los días del Hijo del Hombre, y no lo veréis[5].

Podemos vivir hoy en Reino, hacer justicia y contribuir a que cuando Jesús regrese encuentre que hemos sido fieles siervos que han guardado lo que él nos ha dejado a nuestro cuidado.

PUNTOS IMPORTANTES

1) La justicia social es una parte más del Reino de Dios.
2) Somos responsables de dónde gastamos nuestro dinero.
3) Debemos ser buenos empresarios y trabajadores.
4) La injusticia económica es pecado: no participemos de ella.
5) El Reino de Dios se construye cada día cuando cumplimos sus leyes en la Tierra.

[5] Lucas 17:20-22, RVR1960

29

Cuida la creación que Dios te ha dado

*Tenemos la obligación de vivir en armonía con la
creación, con nuestro capital… con la creación de
Dios. Y tenemos que administrarlo y trabajarlo con
mucho cuidado.*

BRUCE BABBITT
Exsecretario del Interior de Estados Unidos

Para poder cuidar la creación tenemos primero que respetar
el mundo natural que Dios creó. Todos los cristianos debe-
rían tener el compromiso de salvaguardar el medio ambiente.
No podemos amar a Dios y despreciar su creación. Cuando nos deleitamos en las maravillas que tenemos alrededor
intentamos preservarlas. El salmo 148 es todo un himno a la
creación:

Exhortación a la creación, para que alabe a Jehová
Aleluya

Alabad a Jehová desde los cielos;
Alabadle en las alturas.
Alabadle, vosotros todos sus ángeles;
Alabadle, vosotros todos sus ejércitos.
Alabadle, sol y luna;
Alabadle, vosotras todas, lucientes estrellas.
Alabadle, cielos de los cielos
Y las aguas que están sobre los cielos.
Alaben el nombre de Jehová;

Porque él mandó, y fueron creados.
Los hizo ser eternamente y para siempre;
Les puso ley que no será quebrantada.
Alabad a Jehová desde la tierra,
Los monstruos marinos y todos los abismos;
El fuego y el granizo, la nieve y el vapor,
El viento de tempestad que ejecuta su palabra;
Los montes y todos los collados,
El árbol de fruto y todos los cedros;
La bestia y todo animal,
Reptiles y volátiles"[1].

¿Cómo podemos hacer para cuidar la creación que Dios nos ha dado?

[1] Salmos 148, RVR1960

Comentaré a continuación algunas de las cosas más sencillas que podemos hacer para cuidar la creación a la manera que lo haría Jesús.

1. El primer punto es no desperdiciar comida. Ya hemos hablado de las toneladas de comida que se tiran todos los años por parte de los supermercados, aunque en los últimos años se está haciendo un esfuerzo por mejorar esto. En los hogares también se desperdicia mucha comida. Una de las costumbres que mi esposa trajo de su familia era comer las sobras de los días anteriores, sobre todo después de celebraciones. Es cierto que esto me hizo engordar algunos kilos al principio, pero después aprovechamos mejor los recursos de la casa. Jesús mismo ordenó a los discípulos después de dar de comer a más de cinco mil personas. Nosotros debemos hacer igual[2].

2. Pasa menos tiempo en la ducha; intenta reducir a poco más de cinco minutos tus duchas diarias.

3. Aprovecha mejor el lavado de la ropa. Intenta lavar con agua fría, llena la lavadora y tiende la ropa al aire libre.

---

[2] "Él les dijo: Traédmelos acá. Entonces mandó a la gente recostarse sobre la hierba; y tomando los cinco panes y los dos peces, y levantando los ojos al cielo, bendijo, y partió y dio los panes a los discípulos, y los discípulos a la multitud. Y comieron todos, y se saciaron; y recogieron lo que sobró de los pedazos, doce cestas llenas. Y los que comieron fueron como cinco mil hombres, sin contar las mujeres y los niños". Mateo 14:18-21, RVR1960

4. No uses productos de limpieza que no sean ecológicos. Los químicos de muchos limpiadores son muy malos para el medio ambiente.

5. Clasifica tu basura para su mejor reciclaje.

6. Apaga la luz cuando no sea necesaria.

7. Intenta no comprar productos envasados.

8. Observa los días dedicados al medio ambiente, como el Día Mundial del Agua (el 22 de marzo) y la Hora de la Tierra del 30 de marzo.

9. Intenta comer productos locales.

10. Crea tu propio huerto y otros comunitarios para los vecinos.

11. Lava los platos en el lavavajillas después de llenarlo.

12. Lleva a casa la comida que te sobre en el restaurante.

13. Intenta reutilizar las cosas varias veces.

14. No uses el coche para trayectos cortos.

15. Calcula tu emisión de carbono.

Se pueden hacer muchas cosas, como has visto, y la mayoría no suponen un gran esfuerzo.

Jesús utilizó en muchas de sus enseñanzas a los animales. Nos quiso mostrar como Dios cuidaba de todos ellos y los vestía de todo su esplendor. Por eso nosotros también debemos hacerlo.

Caminar por el campo, disfrutar de la naturaleza y sentirnos en contacto con ella nos ayuda a respetarla. Es bueno que llevemos a nuestros hijos al campo, que les enseñemos la variedad de aves que hay, las flores y toda la belleza que nos rodea.

Yo soy un privilegiado por vivir en plena natura- leza, pero muchas veces camino ensimismado en mis pensamientos. Tengo que esforzar- me por contemplar, observar con atención lo que me rodea y salir de mí mismo.

> Reciclar, ahorrar energía y vivir en armonía con el medio ambiente es una forma de obedecer a Dios.

Ya hemos hablado como Francisco de Asís llegó a considerar a todos los animales sus herma- nos; puede que esto sea excesivo, pero al menos tenemos que verlos como seres que necesitan nuestro cuidado y respeto.

Leonardo Boff o Lynn Townsend White Jr., en sus inves- tigaciones sobre religión y ecologismo, han puesto el énfasis en que un mal entendimiento del concepto de "dominadores de la creación" ha contribuido a que el ser humano abuse de la creación sin una conciencia clara del mal que esto conlle- vaba. Lo que ambos teólogos no contemplan que es más bien ha sido por la caída en el pecado del hombre, ya que la natu- raleza misma gime, anhelando la manifestación de los hijos de Dios, como dice Pablo a los romanos:

Porque sabemos que toda la creación gime a una, y a una está con dolores de parto hasta ahora; y no solo ella, sino que también nosotros mismos, que tenemos las primicias del Espíritu, noso- tros también gemimos dentro de nosotros mismos, esperando la adopción, la redención de nuestro cuerpo. Porque en esperanza fuimos salvos; pero la esperanza que se ve no es esperanza; por- que lo que alguno ve, ¿a qué esperarlo? Pero si esperamos lo que no vemos, con paciencia lo aguardamos.

Y de igual manera el Espíritu nos ayuda en nuestra debilidad; pues qué hemos de pedir como conviene, no lo sabemos, pero el Espíritu mismo intercede por nosotros con gemidos indecibles. Mas el que escudriña los corazones sabe cuál es la intención del Espíritu, porque conforme a la voluntad de Dios intercede por los santos[3].

Es cierto que hasta la creación de nuevos cielos y nueva tierra, y la restauración de todas las cosas de las que nos habla el Apocalipsis[4], la naturaleza, como el resto de la creación, no será plenamente libre del pecado.

Los seguidores de Jesús deberíamos ser un ejemplo en todo, ya que nuestro testimonio pone de manifiesto a aquel a quien decimos servir. No imagino a Jesús tirando basura, derrochando energía o simplemente maltratando animales. Él vino a hacer nuevas todas las cosas, incluida la relación del ser humano con la creación. Buena parte del problema es que el egoísmo y la avaricia convierten a los recursos naturales en simples instrumentos para conseguir cosas, y eso está mal.

Las palabras del profeta Isaías sirvan como reflexión final a la necesidad de cuidar la creación mientras esperamos la restauración de todas las cosas:

[3] Romanos 8:22-39, RVR1960

[4] "Vi un cielo nuevo y una tierra nueva; porque el primer cielo y la primera tierra pasaron, y el mar ya no existía más. Y yo Juan vi la santa ciudad, la nueva Jerusalén, descender del cielo, de Dios, dispuesta como una esposa ataviada para su marido". Apocalipsis 21:1-2, RVR1960

Porque he aquí que yo crearé nuevos cielos y nueva tierra; y de lo primero no habrá memoria, ni más vendrá al pensamiento. Mas os gozaréis y os alegraréis para siempre en las cosas que yo he creado; porque he aquí que yo traigo a Jerusalén alegría, y a su pueblo gozo. Y me alegraré con Jerusalén, y me gozaré con mi pueblo; y nunca más se oirán en ella voz de lloro, ni voz de clamor. No habrá más allí niño que muera de pocos días, ni viejo que sus días no cumpla; porque el niño morirá de cien años, y el pecador de cien años será maldito. Edificarán casas, y morarán en ellas; plantarán viñas, y comerán el fruto de ellas. No edificarán para que otro habite, ni plantarán para que otro coma; porque según los días de los árboles serán los días de mi pueblo, y mis escogidos disfrutarán la obra de sus manos. No trabajarán en vano, ni darán a luz para maldición; porque son linaje de los benditos de Jehová, y sus descendientes con ellos. Y antes que clamen, responderé yo; mientras aún hablan, yo habré oído. El lobo y el cordero serán apacentados juntos, y el león comerá paja como el buey; y el polvo será el alimento de la serpiente. No afligirán, ni harán mal en todo mi santo monte, dijo Jehová[5].

En esos cielos nuevos y nueva tierra hasta la violencia entre animales se detendrá, ya que la muerte no tendrá su señorío sobre la creación y viviremos eternamente con aquel que nos creó y nos ama profundamente.

[5] Isaías 65:17-66:2, RVR1960

PUNTOS IMPORTANTES

1) Debemos cuidar de la creación; no somos sus amos, sino sus cuidadores.

2) No cuidar de la naturaleza es un pecado.

3) Dios restaurará en el futuro el orden que tenía para la creación antes del pecado.

4) Reciclar, ahorrar energía y vivir en armonía con el medio ambiente es una forma de obedecer a Dios.

5) Jesús amaba su creación y nosotros debemos amarla también.

A modo de conclusión

¿Cómo podemos saber si somos verdaderos seguidores de Cristo?

No es suficiente con que nos llamemos a nosotros mismos seguidores de Jesús. Nuestro maestro espera que caminemos en sus pasos y sigamos sus huellas. Él mismo nos advierte que no es suficiente llevar a cabo ciertas prácticas religiosas, ni siquiera con poder de lo alto para seguir siendo sus discípulos:

> No todo el que me dice: Señor, Señor, entrará en el reino de los cielos, sino el que hace la voluntad de mi Padre que está en los cielos. Muchos me dirán en aquel día: Señor, Señor, ¿no profetizamos en tu nombre, y en tu nombre echamos fuera demonios, y en tu nombre hicimos muchos milagros? Y entonces les declararé: Nunca os conocí; apartaos de mí, hacedores de maldad[1].

¿Por qué Jesús rechaza a aquellos que le han servido?

Él no busca cosas artificiosas, ceremonias elaboradas, ni siquiera severos ayunos ni largas oraciones. Lo que espera de

---

[1] Mateo 7:21-23, RVR1960

nosotros es que cumplamos los dos mandamientos principales, que son amar a Dios sobre todas las cosas y al prójimo como a nosotros mismos. Por ello les dijo a sus discípulos:

Y al siervo inútil echadle en las tinieblas de afuera; allí será el lloro y el crujir de dientes.

Cuando el Hijo del Hombre venga en su gloria, y todos los santos ángeles con él, entonces se sentará en su trono de gloria, y serán reunidas delante de él todas las naciones; y apartará los unos de los otros, como aparta el pastor las ovejas de los cabritos. Y pondrá las ovejas a su derecha, y los cabritos a su izquierda. Entonces el Rey dirá a los de su derecha: Venid, benditos de mi Padre, heredad el reino preparado para vosotros desde la fundación del mundo. Porque tuve hambre, y me disteis de comer; tuve sed, y me disteis de beber; fui forastero, y me recogisteis; estuve desnudo, y me cubristeis; enfermo, y me visitasteis; en la cárcel, y vinisteis a mí. Entonces los justos le responderán diciendo: Señor, ¿cuándo te vimos hambriento, y te sustentamos, o sediento, y te dimos de beber? ¿Y cuándo te vimos forastero, y te recogimos, o desnudo, y te cubrimos? ¿O cuándo te vimos enfermo, o en la cárcel, y vinimos a ti? Y respondiendo el Rey, les dirá: De cierto os digo que en cuanto lo hicisteis a uno de estos mis hermanos más pequeños, a mí lo hicisteis[2].

En definitiva, el Reino de Dios es el reino del amor; no podemos decir que amamos a Dios y aborrecer a nuestros hermanos[3].

[2] Mateo 25:30-40, RVR1960
[3] "Nosotros le amamos a él, porque él nos amó primero. Si alguno

Una vida sencilla al estilo de Jesús implica renunciar a todo para ganarlo todo, pero de la mano de Jesús. Implica depositar en él nuestra confianza, no dejar que el temor nos invada, luchar contra nuestra naturaleza caída, cuidar de todo lo que Dios nos ha creado, construir sobre las viejas y derruidas cenizas de nuestro mundo un reino de esperanza, paz y amor.

La sencillez nunca estará en lo que poseemos, sino que siempre dependerá del lugar que ocupen esas cosas en nuestro corazón. El orden de prioridades de nuestra vida es el secreto para experimentar la paz y la tranquilidad que anhelamos.

Jesús, que nos conoce y sabe nuestras debilidades, nos repite de nuevo: "No se turbe vuestro corazón; creéis en Dios, creed también en mí"[4].

Es la confianza el galardón que necesitamos, el premio que nos abre las puertas del cielo y nos ayuda a tener la actitud de extranjeros y peregrinos en este mundo. Puede que, como los héroes de la fe, muramos sin haber alcanzado el Reino de Dios, sin haber llegado a la Tierra Prometida, pero resuenan en nuestra mente las palabras del libro de Hebreos:

Conforme a la fe murieron todos estos sin haber recibido lo prometido, sino mirándolo de lejos, y creyéndolo, y saludándolo, y confesando que eran extranjeros y peregrinos sobre la tierra. Porque los que esto dicen, claramente dan a entender que buscan

dice: Yo amo a Dios, y aborrece a su hermano, es mentiroso. Pues el que no ama a su hermano a quien ha visto, ¿cómo puede amar a Dios a quien no ha visto? Y nosotros tenemos este mandamiento de él: El que ama a Dios, ame también a su hermano". 1 Juan 4:19-21, RVR1960

[4] Juan 14:1, RVR1960

una patria; pues si hubiesen estado pensando en aquella de donde salieron, ciertamente tenían tiempo de volver. Pero anhelaban una mejor, esto es, celestial; por lo cual Dios no se avergüenza de llamarse Dios de ellos; porque les ha preparado una ciudad[5].

Dios nos ha preparado una ciudad. No nos atemos al mundo y las cosas del mundo.

Las palabras del último discurso de Martin Luther King poco antes de ser asesinado en Memphis aún resuenan en los valles del medio oeste, desde las montañas Apalaches hasta la Cadena costera del Pacífico, desde los lagos de Minnesota hasta los pantanos de Florida:

Como cualquier persona, me gustaría vivir una larga vida: la longevidad tiene su lugar. Pero eso no me preocupa ahora. ¡Yo solo quiero hacer la voluntad de Dios! Y Él me ha permitido subir a la montaña. Y he mirado, y he visto la Tierra Prometida. Puede que no llegue allá con ustedes. Pero quiero que ustedes sepan esta noche, que nosotros, como pueblo, llegaremos a la Tierra Prometida.

Así que esta noche estoy feliz;
No hay nada que me perturbe;
¡Yo no le tengo miedo a ningún hombre! ¡Mis ojos han visto la gloria de la venida del Señor!"[6].

---

[5] Hebreos 11:13-16, RVR1960
[6] https://www.dx.com.py/discurso-de-martin-luther-king-he-estado-en-la-cima-de-la-montana/#:~:text=Y%20C3%89l%20me%20ha%20permitido,llegaremos%20a%20la%20Tierra%20Prometida.

Preguntas sencillas

¿Cómo vivir?

Queremos tener una vida sencilla, libre de preocupaciones y angustias, más cercana a lo que enseñó Jesús. En Cristo encontramos la respuesta. Él vivió con el único propósito de hacer la voluntad de Dios. Tenemos que doblegar nuestra voluntad y poner en su lugar la de nuestro padre que nos conoce bien, nos ama y espera pacientemente a que volvamos a su camino.

¿Podemos ganar la vida sencilla con nuestras fuerzas?

No. Los fariseos buscaban ganarse el favor de Dios y se creían mejores que el resto de los hombres. Jesús los llamó sepulcros blanqueados porque conocía lo que había en el corazón del hombre. Limpiaban lo que había fuera del vaso, pero por dentro estaban tan llenos de pasiones y pecado como el resto de sus contemporáneos.

¿Cuál es el camino?

Hay muchos caminos, pero únicamente uno lleva a Cristo. Los demás llevan a la perdición. No podemos decirnos seguidores de Jesús y andar en nuestros propios caminos y con nuestra propia forma de vivir.

¿Se puede retroceder?

No podemos hacer borrón y cuenta nueva. El pasado nadie lo puede cambiar, pero Jesús ha arrojado a lo más profundo del mar nuestros pecados si nos hemos vuelto a él, nos convertimos en hombres y mujeres nacidos de nuevo.

¿Cuáles han de ser nuestras prioridades?

La primera es buscar primeramente su Reino y su Justicia, antes que nuestros propios deseos y caprichos. La segunda es orar para que Dios nos ilumine y guíe en cada momento.

Recursos bíblicos para luchar
contra la ansiedad
(Versículos tomados de la Nueva Versión Internacional)

Josué 1:9
Ya te lo he ordenado: ¡Sé fuerte y valiente! ¡No tengas miedo ni te desanimes! Porque el SEÑOR tu Dios te acompañará dondequiera que vayas.

Salmos 23:4
Aun si voy por valles tenebrosos, no temo peligro alguno porque tú estás a mi lado; tu vara de pastor me reconforta.

Salmos 34:4
Busqué al Señor, y él me respondió; me libró de todos mis temores.

Proverbios 12:25
La angustia abate el corazón del hombre, pero una palabra amable lo alegra.

Isaías 26:3

Al de carácter firme lo guardarás en perfecta paz, porque en ti confía.

Mateo 19:26

Para los hombres es imposible, aclaró Jesús, mirándolos fijamente, más para Dios todo es posible.

1 Corintios 10:13

Ustedes no han sufrido ninguna tentación que no sea común al género humano. Pero Dios es fiel, y no permitirá que ustedes sean tentados más allá de lo que puedan aguantar. Más bien, cuando llegue la tentación, él les dará también una salida a fin de que puedan resistir.

Hebreos 11:1

Ahora bien, la fe es la garantía de lo que se espera, la certeza de lo que no se ve.

Romanos 8:26-28

Así mismo, en nuestra debilidad el Espíritu acude a ayudarnos. No sabemos qué pedir, pero el Espíritu mismo intercede por nosotros con gemidos que no pueden expresarse con palabras. Y Dios, que examina los corazones, sabe cuál es la intención del Espíritu, porque el Espíritu intercede por los creyentes conforme a la voluntad de Dios. Ahora bien, sabemos que Dios dispone todas las cosas para el bien de quienes lo aman, los que han sido llamados de acuerdo con su propósito.

1 Pedro 5:7

Depositen en él toda ansiedad, porque él cuida de ustedes.

2 Timoteo 1:7

Pues Dios no nos ha dado un espíritu de timidez, sino de poder, de amor y de dominio propio.

Mateo 11:28-30

Vengan a mí todos ustedes que están cansados y agobiados, y yo les daré descanso. Carguen con mi yugo y aprendan de mí, pues yo soy apacible y humilde de corazón, y encontrarán descanso para su alma. Porque mi yugo es suave y mi carga es liviana.

Hebreos 13:5

Manténganse libres del amor al dinero, y conténtense con lo que tienen, porque Dios ha dicho: Nunca te dejaré; jamás te abandonaré.

Filipenses 4:6-7

No se inquieten por nada; más bien, en toda ocasión, con oración y ruego, presenten sus peticiones a Dios y denle gracias. Y la paz de Dios, que sobrepasa todo entendimiento, cuidará sus corazones y sus pensamientos en Cristo Jesús.

Filipenses 4:13

Todo lo puedo en Cristo que me fortalece.

Agradecimientos

Tuve y aún tengo que luchar muchas veces contra la ansiedad. Mi esposa Elisabeth siempre me ha ayudado a lidiar con este mal que parece la epidemia del siglo XXI.

Quiero agradecer a Larry Downs por preocuparse durante décadas de que los cristianos y no cristianos tengan buenos libros para aprender, madurar y crecer como personas.